Ciberantropología, etnografía de la sociedad red
Termómetro 2008-12 de la Sociedad de la Información

Ciberantropología, etnografía de la sociedad red Termómetro 2008-12 de la Sociedad de la Información

Alfonso Vázquez Atochero

 anthropiQa 2.0

©‑Alfonso Vázquez Atochero
© anthropiQa 2.0
    Lulu Press Inc (edición compartida)
http://www.anthropiQa.com
editorial@anthropiQa.com
Badajoz, España / Raleigh (North Carolina)

Edición primera, septiembre de 2013
I.S.B.N. 978-1-291-56867-7

Si no hacemos nada, Internet y el cable estarán monopolizados dentro de diez o quince años por las megacorporaciones empresariales. La gente no conoce que en sus manos está la posibilidad de disponer de estos instrumentos tecnológicos en vez de dejárselos a las grandes compañías. Para ello, hace falta coordinación entre los grupos que se oponen a esa monopolización, utilizando la tecnología con creatividad, inteligencia e iniciativa para promocionar, por ejemplo, la educación.

Noam Chomsky

No estamos ante una época de cambios; estamos ante un cambio de época.

Leonardo da Vinci,

▼ **2012 (40)**
▼ **diciembre (2)** **255**
MileniumUno ¿es eterno lo digital?
El tuiteo del vaticano
▼ **noviembre (3)** **252**
Privacidad en la red: escándalo en Deusto
Blogosfera, por un mundo mejor
La tiranía de Gauss. Prejuicios y perjuicios de la...
▼ **octubre (5)** **247**
Llega Windows 8
El destierro de la línea de comandos
¿Continente o contenido?
Tecnología para el más allá
Cifras y efemérides
▼ **septiembre (5)** **243**
El alcance de los eventos en Facebook
El olvido de Olvido
Facebook como motor de cambio
De foreros y foristas
Aplicaciones cyborg en el ámbito médico
▼ **agosto (3)** ....…... **241**
Iphones para los parias de la tierra
If I die first...
¿Creías que en redes sociales estaba todo inventado?
▼ **julio (5)** **238**
Presencia en Internet como medida de prestigio
Nuevas formas de Spam
La UE contra el cambio
Cibercampamentos
Internet: estafas y sentido común
▼ **junio (4)** ....…... **235**
DPh...
Las heroínas tecnológicas del Berlin Geekettes'
Doctorado en antropología (D.Ph. anthropologicae)
A dios rogando y con el mazo dando
▼ **mayo (3)** ....….... **233**
Su alteza Super Mario
Burbujas y pinchazos tecnológicos

Día de internet
▼ **abril (3)** **230**
Instagram se salva de la quema
Hasta la victoria, siempre
¿Hasta dónde estarías dispuest@ a llegar por tu iphone?
▼ **marzo (2)** **229**
El legado de Jobs
Arqueología Hi-Tech
▼ **enero (5)** **224**
Próxima burbuja... las TIC's.
Descargar o compartir. Redes ciudadanas o gestiona...
Propiedad intelectual y privacidad
Cae Megaupload ¿quién ocupará su lugar?
¡Que llegan más recortes!

▼ **2011 (78)**
▼ **diciembre (7)** **223**
Nuevos retos para la Aldea Global.
Información y conocimiento.
Papa Noel lo tiene claro
La piratería, el tema recurrente
Internet te lo da, Internet te lo quita
Salud, el relevo a la información.
Las redes sociales que nos esperan. Red Unificada...
▼ **noviembre (5)** **208**
El miedo al cambio
El juego en la generación digital
La noria da vueltas mientras la red avanza
Elecciones en Twitter, de la política 2.0 al desprestigio.
El sensual mundo de la publicidad
▼ **octubre (4)** **205**
SMS en la UCI
El mito del Nativo Digital
Educación electrónica ¿parte o total del nuevo par...
i-Requiem por Steve Jobs
▼ **septiembre (4)** **203**
Googleaños feliz
Amazon desembarca en España

Sobre el estramonio, la sociedad de la información
Jóvenes, ricos y muy poderosos
▼ **agosto (3)** ....**.... 200**
¿Qué es Apple sin Jobs?
Privacidad en red
Redes Sociales ¿Para quién?
▼ **julio (9)** ....**.... 195**
Apple pierde el juicio
El manzano de oro
Internet abierto vs Internet cerrado
¿Es Internet poco ecológico?
SGAE: corrupción ordeñando la vaca 2.0
Partido anti-powerpoint
Myspace pierde space
Obama, un muerto muy vivo
SGAE: el cazador cazado
▼ **junio (6)** ....**.... 192**
Microsoft también se sube a la nube
La red constitucional
Hackear está de moda
Los famosos Anonymous
Facebook pierde usuarios en EEUU
Rockmelt, el navegador social
▼ **mayo (8)** ....**.... 188**
Iranet: muerto el perro se acabó la rabia
Este es un blog apolítico, pero...
El G8 Forum
Del guau-guau al tweet-tweet
Dos horas en las redes sociales
Periódicos a la basura
E-books en Tarifa Plana
Mi nombre es Buk... Face Book
▼ **abril (9)** ....**....182**
Odio a Facebook
Siguiendo los pasos de Facebook y Twitter
Mooding, tuneando el pc
PC City cierra sus puertas
EgoFacebook: del papel a la red, de la red al papel

Internet: la peste
Música, cine y tv en Internet
phishing, pescando incautos
Robo en red

▼ **marzo (9)** **175**
Congreso Comunicación Social y Educación
Congreso Comunicación Social y Educación
Eres un hijo de feisbuc
La ilegalidad de un canon legalizado
Ahí me colé, y en tu aifon me planté
Pornographity.xxx
RIP: Windows Space Live
Internet nos quita el sueño
iglesia y vida digital
▼ **febrero (7)** **170**
Fotos, fotos, más fotos
El Sol no está en Facebook
Los deberes en Tuenti
ArtProjet, googleando la cultura
Iphone te absuelve del pecado
De Ebay al cielo
Crowdsourcing: la inteligencia colectiva al servicio
▼ **enero (7)** **163**
Objetivo a derribar: la comunicación
Anonymous, quijotes de la red
Revolución social, revolución digital
Cuando la basura se destapa, huele toda la casa
MySpace ¿un cambio de rumbo en las cc.vv.?
El wifi llega a la cocina
Ulltraviolet: Internet frente al DVD

▼ **2010 (99)**
▼ **diciembre (10)** **154**
De leyenda urbana a wikileads
Person of the year: Mark Zuckerberg
Dificultades para la ley sinde
Wikileaks o Facebook
¿qué supondría la masificación de extensiones de d...

Lulusemua.xxx
Nuevos dominios en el panorama
Wikileaks: la amenaza continúa
Wikileaks: dando luz a las tinieblas del estado
Multas TIC
▼ **noviembre (7)** **149**
Sexting: El sexo del siglo XXI
Dibus en Facebook
¿Es realmente 3d el 3d?
E-book: un exterminio prematuro
Paisanos paradigitales
Internet como excusa
TV-Internet: la conciliación es posible
▼ **octubre (10)** **142**
Morosos en red
Libre Software World Conference 2010
¿Para qué usamos Internet?
La ilegalidad del canon
Informática Vintage
Drogas 2.0
Quien siembra viento recoge tempestades
SIMO: la cotidianeidad de la novedad
El valor de las encuestas (el tapiz de la opinión)...
Las TIC en los hogares españoles
▼ **septiembre (5)** **139**
YouTube con respaldo judicial
"Internet es el fin del mundo"
¿Hasta dónde quieren llegar?
El invento más peligroso desde la bomba atómica
Ciberantropologia en ebook
▼ **agosto (8)** **131**
Hasta que facebook nos separe
Facebook os declara marido y mujer
El ciberturista
La depreciación de la cultura
En busca del arca perdida
500 millones de amigos punto com
Lovebook: el amor en los tiempo de Facebook

¿La trampa tecnológica o de los tecnólogos?

▼ **julio (11)** **122**

Campus Party, cuando lo virtual toma cuerpo
Ciberconsejos de la policia
Brecha Digital / Brecha Alfabética
SGAE: Otra vuelta de tuerca
Ahuyentador de jóvenes
Apple es el único Dios, y Jobs su profeta
Menores en Red (II)
Menores en Red (I)
Todo se compra por Internet, ¿hasta la sensatez?
¿Cuánto vale? ¿Cuánto cuesta? ¿Cuánto pagarías?
...hacia dónde vamos?

▼ **junio (8)** **115**

...de dónde venimos...
¿Quiénes somos..
La huella tecnológica
Rentabilizando el 2.0
El socavón digital
¿Qué distancia separa EEUU de España?
El olvido digital
Enredando a Sarko

▼ **mayo (8)** **107**

El soldado del futuro llega hoy
Jueces 0.0 en la sociedad 2.0
Cotilleos on-line
Jugando a ser dio(ses)
¿Se puede favorecer el compromiso ciudadano desde ...
Europa blinda sus wifis
El teléfono que sabía demasiado
Formatos perecederos

▼ **abril (6)** **103**

¿Derechos de qué autor?
La iglesia se digitaliza
e-administración - Cartas del sinsentido II
DVD sin v.o.
Ipad: desentramados sus secretos
e-administración - Cartas del sinsentido I

▼ **marzo (11)** **94**
Apagón analógico
Legislando la sociedad digital: retrocediendo dere...
Dios está en todas partes (hasta en Tuenti)
Nacimientos en la era digital
Duelo Italia-Google: una de cal y otra de arena
La Internet no puede ser una cosa libre
Internet, intimidad y relaciones humanas.
la santa inquisición remueve las entrañas del cibe...
Los nuevos recursos del viejo Mercado
Anima, la fratricida
Industrias que caducan, industrias que germinan
▼ **febrero (7)** **85**
jueces anti-Google (Italia 1-Libertad 0)
El síndrome de lo inmediato
Magnates de contenidos
El paradigma digital: reinventando lo inventado
Telefónica contra Internet
La quimera de la administración electrónica
Mail to mail.
▼ **enero (8)** **79**
Hacia una nueva dimensión de la lengua
PELUQUEROS ANTI-SGAE
Incompetencia vs. piratería ¿quién matará la gallina
Premios 2.0 (User2User)
De la ecografía al tuenti
Linex no llega a los portátiles
Tecnología - Industria del entretenimiento ¿enemigos?
El efecto 2000 (X aniversario del Y2K)

▼ **2009 (47)**
▼ **diciembre (6)** **73**
La ilusión está en el bombo, pero la probabilidad ...
La lista de Sinde
China sigue censurando la red
Internet for Peace
¿no es más bonito compartir que mendigar un canon?...
El espíritu de la Gestapo se apodera de ZP

▼ **noviembre (4)** **70**
Montijo anti-sgae
Facebook, atacado por las dictaduras comunistas
5 Congreso Ciudades Creativas en la Sociedad de la...
Ciudades Creativas en la Sociedad de la Imaginación.
▼ **octubre (5)** **66**
Un cuarentón de moda
Vuelve la censura ¿volvemos al pasado?
NTX: Festival de Nuevas Tecnologías en Extremadura
El 70% de los alumnos de 1º de ESO tendrán portátil
conciencia ciudadana en la sociedad de la información
▼ **septiembre (4)** **62**
Prensa tradicional frente a prensa digital
SOS: Racismo en red
Sinvergüenzas 2.0
Las editoriales están matando al libro
▼ **agosto (1)** **61**
Sacerdotes 2.0 - de la web al cielo
▼ **julio (2)** **60**
Metallica - Optimus Festival 09 - Lisboa
La egolatría en el ciberespacio
▼ **junio (4)** **58**
Conecta T (Canal Extremadura)
Acoso, grooming y brecha digital
que me ha salido una pantalla azul y me pone cosas
Mi Ipod160Gb (sin canon)
▼ **mayo (7)** **53**
Origen, historia y futuro de la humanidad
Juicio al p2p (o censura encubierta)
La verdad sobre Tuenti (Diario Hoy)
Premios de Internet (otro año será)
Premios Internet `09 (Mejor comunicador)
EE UU abronca a España por "pirata"
Premios Internet `09
▼ **abril (4)** **50**
Mentiras y gordas... de la casta política
Ciberantropología: cultura 2.0
Cómo utilizar la crisis para coartar la libertad e...

La Wikipedia se come a Encarta
▼ **marzo (2)** **48**
¿Qué significa realmente ciber?
SGAE en la tierra del softaware libre
▼ **febrero (6)** **41**
Stop Criminalización
Internet no pone en peligro ni a la música ni al c...
Jueces contra la libertad de expresión en la red
¿cómo adulterar los datos para que la sgae parezca...
En breves (Titulares de prensa)
¿Cuándo se romperá el saco?
▼ **enero (2)** **39**
Conexión a Internet de 1Gb por 39€
EL marketing de la iglesia católica

▼ **2008 (14)**
▼ **diciembre (3)** **37**
Los tiranos se obsesionan con Internet
La zurrapa mediática II (personajillos venidos a más)
Las 10 tecnopremoniciones que fracasaron
▼ **noviembre (2)** **35**
La zurrapa mediática I (Hipocresía de los mass-media)
El retraso tecnológico
▼ **octubre (1)** **34**
Ciberantropología.org en la OUC
▼ **septiembre (2)** **33**
El gallinero digital
El factor multiplicador de internet
▼ **agosto (1)** **32**
Generación mp3
▼ **julio (1)** **31**
La convergencia digital del iPhone
▼ **febrero (2)** **30**
Cuando los partidos políticos contaminaron el ciberespacio.
¿Qué dirección tomará el estado moderno?
▼ **enero (2)** **28**
¿Se puede limitar la libertad en Internet en el marco de una democracia?

Administración electrónica

▼ **2007 (2)**
▼ **diciembre (1)** ....,,,,,,,,,,,,,,,.......**27**
CANON SGAE
▼ **marzo (1)** **27**
¿Hacia dónde vamos?

PRÓLOGO

Si bien es cierto que la eclosión de las telecomunicaciones no nos resulta un fenómeno novedoso, la proyección de sus posibilidades sobre las sociedades modernas no ha hecho más que empezar. Serán las telecomunicaciones junto con las ciencias de la computación y la nueva electrónica molecular las disciplinas que más pronto que tarde traerán consigo un cambio trascendental. El uso de circuitos electrónicos de bajo coste y alta versatilidad ha hecho posible establecer una gigantesca red de conexión interplanetaria (valga como ejemplo las sondas de exploración en la superficie de Marte), nada comparado con las posibilidades que traerá consigo la implementación de los recursos de la nueva electrónica.

El paradigma de la repercusión de las telecomunicaciones y ciencias de la computación lo encontramos en Internet.

Internet es una consecuencia lógica y un inicio indiscutible; de un lado, es el resultado lógico de los avances en microelectrónica que hemos venido logrando desde la aparición del transistor como elemento básico y fundamental de los circuitos electrónicos (no confundir con el término que coloquialmente se acuñó para denominar a los receptores de radio); de otro lado supone el comienzo de un nuevo uso de los últimos y venideros avances electrónicos.

Si fuera Internet un elemento tangible sería la plasticidad su cualidad más característica. Debemos diferenciar entre Internet como red física, dotada de una capa lógica de protocolos, cada vez más sofisticados y, la herramienta multiforme que el anterior pone a disposición de los diferentes usuarios y beneficiarios de su propósito. Cabe destacar que son precisamente los usuarios los que dotan a la red de esta característica de plasticidad y contribuyen a que las posibilidades de la herramienta establecida se conforme con un potencial que crece junto al tamaño del entramado físico de máquinas conectadas.

El impacto de internet en las sociedades a las que denominamos modernas, y muy pronto en aquellas zonas del planeta aún en vía de desarrollo, tanto en el aspecto socio-económico como a nivel cultural está siendo indiscutible (cabría destacar el arbitrio que provoca en algunas de las decisiones a escala mundial por parte de los poderes políticos); un impacto que se encuentra aún en una fase muy inicial y del que sus consecuencias han venido siendo impredecibles. Nuevos modelos de negocios, empresas, servicios; nuevos órdenes en las transacciones económicas; nuevas formas de relacionarse; nuevos modos de manejar y controlar las emociones, un sin fin, en definitiva, de nuevos aspectos que han provocado que la entrada de Internet en nuestras vidas haya supuesto un cambio especialmente cualitativo en nuestra relación con el entorno. Se aprecia también un cambio cuantitativo respecto a tradicionales modelos y propósitos que encuentran en Internet una herramienta perfecta. Se establecen dos tendencias bien diferenciadas, de un lado los logros y nuevos servicios que Internet pone a nuestra disposición venidos de la mano de nuevas formas de negocio y servicios; de otro lado los recursos desinteresados de usuarios que encuentran en Internet una nueva forma de expresión y una herramienta con la que poder relacionarse con su entorno bajo unas reglas inexistentes hasta ahora. Sin duda ninguna el uso bidireccional de Internet (la recogida y aporte de información y servicios) tanto a nivel individual como a nivel colectivo ha supuesto un cambio conceptual en la forma de relacionarnos y de entender las sociedades tradicionales.

La importancia y el potencial de Internet quedan de manifiesto cuando comprobamos que, a nivel mundial, las mayores potencias y los países más controvertidos para con el sistema económico-social predominante establecen una especie de partida de ajedrez que mucho tiene que ver con los contenidos y posibilidades que la red nos ofrece. Hoy por hoy la explotación económica y control a aquellos países en vía de desarrollo (desgraciadamente sigue siendo una realidad) tiene un coste mayor en credibilidad para el país ejecutor. Queda Internet de este modo llamado a convertirse en el primer y más relevante mensajero de la actualidad pudiendo llegar a condicionar en ocasiones las decisiones más trascendentes en política mundial. Aunque no estamos sugiriendo que Internet por sí solo esté llamado a transformar la sociedad, un uso libre y activo del mismo nos presenta un futuro más esperanzador.

No cabe duda de que más allá del aspecto global y de la repercusión que Internet pueda tener sobre sociedades futuras este toma verdadera relevancia en la cotidianeidad de la vida de las personas. Gran parte de nuestro tiempo lo pasamos interactuando desde Internet. Unas veces de forma explícita y otras de manera transparente o implícita hábitos cotidianos tienen una estrecha relación con la red Internet; el pago en un supermercado, la solicitud de una cita médica, la recepción de una llamada telefónica o la activación remota del aire acondicionado del hogar son todas acciones cotidianas que pueden valerse de las posibilidades que nos ofrece Internet y aunque estas acciones podrían realizarse mediante otros recursos, no cabe duda que el uso de la red las agiliza y simplifica. Otras necesidades actuales sin embargo solo pueden ser cubiertas de forma satisfactoria con el uso de las telecomunicaciones e Internet, valgan como ejemplo la investigación multidisciplinar de equipos científicos que nos llevan a continuos y prósperos logros en infinidad de aspectos fundamentales en nuestras vidas o el uso del recurso por aquellas personas que en determinadas ocasiones solo con él encuentran la manera de no desfallecer. Nacen a la sombra de Internet servicios necesarios que le son propios y otros absolutamente prescindibles.

Nuestro sistema económico es un sistema basado en los servicios y no en los recursos. Desde la producción de un bien o explotación de un recurso natural hasta su aprovechamiento, este recorre un largo camino de servicios que en la mayoría de ocasiones y bajo otra perspectiva serían ciertamente innecesarios. Es esta mina de servicios la que en realidad sienta las bases de la economía actual. Internet no ha quedado ajeno a este mismo modelo y con ello de entre todo el trigo que podemos cosechar en nuestro acercamiento a la red global tenemos necesariamente que separar grandes cantidades de paja. En los primeros años tras la aparición de Internet, la principal actividad del usuario novel era la búsqueda o recogida de información. Actualmente el usuario, desde un primer momento se convierte en protagonista más o menos activo y creador de contenidos de menor o mayor relevancia.

En la evolución de los recursos que Internet pone a disposición del usuario y el modo en que este los aprovecha se han dando situaciones inverosímiles. Hasta hace muy poco lo lógico era pensar que un punto de encuentro tan extenso no era necesario para nuestras relaciones interpersonales del día a día, la práctica ha puesto de manifiesto que es Internet un sumidero para cualquier tipo de comunicación instantánea con nuestro entorno más cercano y que además en determinados rangos de edad una herramienta de uso tan cotidiano como imprescindible; casi la totalidad de los adolescentes en las sociedades modernas se valen de Internet como elemento primordial para socializarse.

Usamos el entramado físico de la red Internet a diario, recogemos y aportamos información en una práctica habitual, podemos decidir qué servicios nos interesan y aquellos que preferimos ignorar. Con nuestra participación en determinados círculos de opinión enfatizamos nuestras posiciones ideológicas, aprovechamos los recursos para agilizar y facilitarnos tareas cotidianas. Tenemos la posibilidad de adquirir mayor juicio en las posiciones adoptadas frente a acontecimientos importantes dado el mar de información a nuestra disposición cada vez más independiente. Si definitivamente aceptamos que Internet está cambiando nuestra forma de relacionarnos y que además somos en parte protagonistas de este cambio cabe preguntarse por el tipo de cambio que queremos. Queda Internet de este modo condicionado por lo que en esencia somos, lo que de él podamos extraer y lo que al mismo podamos aportar que, no será otra cosa que lo propiamente somos como conjunto social.

Es Internet una herramienta de alto potencial que debe ser usada con criterio y en la que la mejor fórmula para aprovecharla es la propia experiencia ajena a interferencias mercantilistas. Es el usuario quien debe decidir si prefiere estar "en red -ado" o enredar con lo que podría no ser más que un novedoso juguete.

En estas páginas se refleja de forma distendida y amena como la red Internet puede mantener en contacto a personas de muy diferente localización, costumbres y posiciones, de tal forma que el conglomerado de ideas, noticias, espíritu y sentimientos quedan a disposición de cuantos pasean por las autopistas de la información. Es el Blog un nuevo útil con muy diferentes propósitos. El Blog "¿Hacia dónde vamos? Ciberantropología y Comunicación Audiovisual" es un punto de encuentro en el que poder disertar sobre que nos deparan los avances tecnológicos y autopistas de la información, como están influyendo en nuestras vidas, en qué modo se verá impactada nuestra realidad social y qué nuevas expresiones culturales traerán consigo.

Hasta el momento conocemos una nueva forma de comunicación de posibilidades impensables hace pocos años. De aquí en adelante nos adentramos en nuevos modelos de percepción.

Alberto Ledo (Notrec)

¿HACIA DÓNDE VAMOS?
01/03/2007

Sin duda vivimos en un mundo complejo. Homo sapiens ha sido capaz de ir transformando su entorno, de la misma manera que el entorno le ha ido condicionando.

Pero tal vez esta relación este llegando a su fin ¿podrá la sociedad y el mismo Planeta soportar la presión?

> Anónimo Carlos dijo...
> ¿Hacia dónde vamos? A algunos posmodernos poco les importa, algunos más viejos creen que a la destrucción, si es que no ya están demasiado viejos y ahora perciben el mundo de forma muy distinta a la tuya y la mía. Bonita pregunta, al parecer nunca el simio dejara de reformularla. SEGUIMOS CONOCIENDO, PREGUNTANDO, DUDANDO, PENSANDO, IMAGINANDO... Seguramente vamos a un futuro igual de extraño y delicioso que el presente.

CANON SGAE
19/12/07

La codicia recaudatoria de esta asociación "sin ánimo de lucro" no tiene límites. Pero ha sabido rodearse bien, y el gobierno acaba de legitimar su usura. ¿Realmente mira la SGAE por los autores? Lo que peor huele en este chiringuito es el elenco de "artistas" que han decidido velar por los intereses de sus compañeros. ¿Cómo pueden las descargas en emule perjudicar a Ramocín o a Teddy Bautista? En primer lugar deberían haber compuesto algo alguna vez, y una vez compuesto, deberían haber tenido algún éxito. Otro de los que merodean por esta historia es Luis Cobos, cuya máxima creación fue añadir palmadas a los grandes clásicos ¿pagaría royalties a Bach o a Mozart por usurparles sus melodías?

Por otra parte, es vergonzoso la presunción de culpabilidad: es como si al sacarnos el permiso de conducir tuviéramos que pagar una multa, por si acaso la cometiéramos. Pagar un canon por un móvil, que la mayoría de la gente utilizará exclusivamente para comunicarse, o por una impresora ¿por qué? Lo próximo será pagar canon por un bolígrafo y folio en blanco, porque podremos utilizarlos para reproducir un libro. Y más tarde un canon por poseer oído, y poder oír las sandeces de los titiriteros; por poseer vista y ver, por tener palabra, y opinar, ya que esta gente gusta de apropiarse de todo lo que no les pertenece, incluidas las ideas, aunque no sean suyas.

Y lo que acaba de rematar la faena, es el pretender acaparar la palabra CULTURA. ¿Es cultura el disco de Jesulín de Ubrique o Tamara Seisdedos? Seguimos viviendo en un país de pandereta en el que el gobierno admite estos axiomas mientras los investigadores malviven con míseras becas hasta que emigran al extranjero, y nadie les protege

ADMINISTRACIÓN ELECTRÓNICA
10/01/08

No acaba de convencerme la e-administración de la que tanto hablan últimamente los políticos. Y no es que no crea en el enorme potencial, tanto presente como futuro, que posee Internet. Lo que sucede es que innovación y novedad están reñidas con administración, gobiernos y partidos políticos. Desde hace años, bancos, compañías de telecomunicaciones y otras empresas gestionan nuestras transacciones con total garantía y seguridad a través del ciberespacio.

Podemos realizar una operación de valores bursátiles millonaria en cuestión de segundos, con total fiabilidad y eficacia, sin embargo un simple trámite administrativo como pedir cita médica o renovar el DNI puede ser una odisea que nos ocupe varios días. A la e-administración le queda mucho camino por recorrer.

¿SE PUEDE LIMITAR LA LIBERTAD EN INTERNET EN EL MARCO DE UNA DEMOCRACIA?

12/01/08

¿Sarkozy intentará bloquear el P2P? Es vergonzoso que los gobiernos se esfuercen tanto en defender a unos cuantos. Normalmente hacen poco por los ciudadanos, pero por los amigos del poder único, bien que se las apañan para sacarles las castañas del fuego y que puedan vivir a todo tren sin dar un palo al agua. Pero bueno, supongo que ahora no estamos solos en la lucha. ¿De verdad no se dan cuenta de que los mercados cambian? ¿Van a tratar de perpetuar lo imperpetuable? Telefónica y otras grandes empresas de telefonía vieron como su mercado cambiaba de la telefonía tradicional al ADSL. El negocio de la música ya no está en el CD o en DVD. Se gana mucho más con politonos y merchandising. Si las compañías de telefonía consiguieron que el canon no se aplicara a las ADSL, también conseguirán que no se bloqueen el P2P, sino el número de abonados se reducirá drásticamente. De hecho compañías como Sony no hacen ascos a nada, diversifican el negocio, manteniendo al mismo tiempo una discográfica y vendiendo grabadoras y discos vírgenes por otra parte.

Lo que está claro no se solucionará el "presunto problema" de los mercaderes de la cultura con medidas represoras, ya que Internet ha favorecido algo que durante siglos los que acaparaban el poder tenían controlado: la información ciudadana. La red ha supuesto una revolución, y en poco más de una década ha conseguido derribar muros de represión que durante siglos los gobiernos han tenido bien custodiados. Tal vez censuren ahora, pero 24 horas después habrá otra alternativa: ya ocurrió tras el cierre de Naspter.

De verdad, da pena que en un país de presuntos terroristas, presuntos estafadores, presuntos corruptos y presuntos presuntos, el simple hecho de tener un ordenador te convierta en pirata, eliminando el presunto de un plumazo.

¿QUÉ DIRECCIÓN TOMARÁ EL ESTADO MODERNO?
07/02/08

Los estados han venido manteniendo el control del pensamiento durante milenios. Si inicialmente su función era administrar los excedentes que las florecientes sociedades fluviales iban acumulando, cada vez fueron adquiriendo más competencias, y en poco tiempo controlaban la moralidad y las vidas de los gobernados. Para ello se rodearon de dos instituciones creadas al efecto: ejército e iglesia. La represión se ha venido manteniendo hasta nuestros días. Sin embargo, voces críticas, filósofos y sociólogos hablan de al desaparición del estado como lo conocemos hoy día. Bertrand Russel y posteriormente Noam Chomsky (Estados fallidos. El abuso de poder y el ataque a la democracia, 2007) hablan de la desaparición del estado. Más próxima a la vertiente ciberantropológica de este foro encontramos la obra de Castells, que nos habla del estado red. ¿Será posible esta nueva sociedad? ¿Estamos preparados para vivir en libertad, sin un control gubernamental que delimite nuestros pasos? La respuesta la obtendremos en los próximos años.

CUANDO LOS PARTIDOS POLÍTICOS CONTAMINARON EL CIBERESPACIO
24/02/08

El ciberespacio surgió con fines gubernamentales, no nos engañemos. Pero un espejismo libertario en los años 90 nos hizo creer que sería un espacio de libertad donde los ciudadanos de la aldea global disfrutarían de un escenario en el que compartir inquietudes. Nada más lejos de la realidad. La red sufre censuras en países con regímenes totalitarios como China, mientras que las ¿democracias avanzadas? de la Unión Europea se afanan en tener su control, frente a la resistencia de plataformas ciudadanas (cuya voz es ignorada) y compañías telefónicas con miedo a perder clientes en masa (cuyo poder económico es temido por los gobiernos).

Ante la difícil justificación en una democracia de las pretensiones absolutistas de líderes como Gordon Brown o Nicolás Sarkozy, las diferentes agrupaciones políticas idean mil y una maneras de colonizar la red. En las elecciones presidenciales de 2004, el intercambio de SMS supuso una nueva forma de hacer campaña. En las elecciones locales y regionales de 2007, los mandatarios locales de los diferentes partidos se afanaron en inaugurar sitios webs para presentar sus programas, esos panfletos de los que se habla hasta la saciedad durante un par de meses, pero que caen en olvido durante los cuatros años siguientes.

Otros se atrevieron a introducirse en la blogosfera, acaparando el fenómeno blog como si fuera una invención suya (los políticos electos suelen ir por detrás de la sociedad, y después atrapan los avances sociales para apropiarse de ellos) donde una legión de subordinados trabajaría para responder en nombre de la voz de su amo a las peticiones de la ciudadanía. Poco a poco, sin darnos cuenta, se han ido colando en Second Life, en Youtube o hasta en Ebay. Y como no, hasta estos escenarios digitales ha traído también todo su circo de broncas y malos modales, moneda corriente en el Congreso, el Senado y en los medios de comunicación del poder.

LA CONVERGENCIA DIGITAL DEL IPHONE
25/07/08

El día 11 de julio de 2008 fue un día histórico. Iron Maiden tocaba en Mérida y Apple lanzaba en todo el mundo su iPhone 3G (iPhone de segunda generación). El aparato en cuestión viene a ser la esencia de la convergencia digital, recogiendo en un solo dispositivo numerosas funciones. Ahora ya no será necesario cargar con la cámara de fotos, la de vídeo, móvil, portátil... un solo aparato engloba las más inimaginables funciones. Algunos lo defienden, otros son detractores, pero para Apple lo que importa es el dólar, y sabe que había una legión de expectantes incondicionales dispuestos a hacerse con uno de estos oscuros objetos del deseo. La operadoras también llevaban meses afilándose las uñas para tomar su parte de pastel y sangrar aún más a los sufridos usuarios de telefonía móvil.

En España Movistar era la elegida. Sin embargo, tan sólo unas horas después de su lanzamiento mundial, dos jóvenes brasileños han conseguido desbloquear el terminal, para que pueda ser utilizado en cualquier lugar del mundo con cualquier operadora ¿democracia digital o simple piratería?

GENERACIÓN MP3
25/08/08

 Se viene acusando a los jóvenes de vivir de espaldas al mundo y de "pasar" de todo. En plena sociedad del conocimiento, rodeados de tecnología, se les acusa además de esconderse detrás de sus móviles y de sus mp3.

Javier Abril, psicólogo y docente de la Universidad San Vicente Mártir de Valencia (UCV), tiene las ideas claras al respecto: "El abuso de estos aparatos provoca el aislamiento de los más jóvenes, tanto en el entorno familiar como entre los amigos. Además, puede inducir a la aparición de ansiedad, afectar a la autoestima y magnificar algunos miedos de la adolescencia. De todas formas, el problema fundamental es la falta de autocontrol en una edad en la que los padres deben ejercer su función de guías".

Pero ¿realmente los jóvenes se "adultizan" aislados? El cambio generacional que estamos viviendo es brutal. En tan sólo una docena de años Internet ha transformado nuestras vidas, proporcionando una serie de recursos que han cambiado nuestras formas de actuar, conocer y comportarnos.

Los jóvenes no se aíslan, simplemente viven el mundo que les ha tocado vivir. ¿No comprenden los jóvenes a los adultos o son los adultos los que no comprenden a los jóvenes? Este choque reciproco no aporta nada nuevo, es una tendencia perfectamente estudiada en antropología y sociología. El cambio está en ese nuevo escenario tecnológico que estamos viviendo y del que ya no podremos salir.

EL FACTOR MULTIPLICADOR DE INTERNET
09/09/08

Internet es una tecnología con un enorme factor de multiplicación. Para comprender mejor este concepto, Negroponte utiliza un símil muy acertado utilizando para ello los medios de desplazamientos del ser humano. Si al caminar los hacemos a una velocidad de de 6 km/h y en coche lo hacemos a 120, el factor del multiplicación de este vehículo es de 20 (120/6). Para un avión aumenta casi a 200. El factor de multiplicación de Internet es de millones, ya que desde nuestro hogar nos permite acceder a una cantidad de información millones de veces superior a la que podemos tener al alcance de nuestras manos cuando no estamos utilizando conexión telemática.

Y Google lo está demostrando con creces, ofreciendo cada vez más servicios. Si ya GoogleEarth o GoogleBook son una fuente de información inmensa, el nuevo proyecto da un paso más en su afán de indexar el conocimiento humano. El gigante de Internet ha anunciado en su blog oficial su intención de digitalizar, indexar y poner a disposición de todos los internautas toda la prensa escrita en los últimos 200 años.

¿Toda? Toda la que puedan, pues necesitan firmar convenios con las distintas empresas propietarias de las cabeceras.

"Durante más de 200 años, los acontecimientos de relevancia local o nacional se han transmitido a través de periódicos impresos. (...) El problema es que la mayoría de esos periódicos no están disponibles on line. Queremos cambiar eso".

EL GALLINERO DIGITAL
30/09/08

Algunos elementos confunden la libertad de expresión. Creen que amparándose en ella están libres de todo pecado y no dudan en tirar la piedra, y en muchos casos, esconder la mano. Aunque la impunidad que da el anonimato y la posibilidad de esconderse detrás de un teclado y de una IP que no delatará la identidad de su amo (salvo que el pecado cometido sea demasiado atroz) hace que cada día salten al ruedo más impresentables.

Los foros permitan que cualquier ciudadano en cualquier lugar del planeta pueda dejar su opinión para que esta sea compartida con el resto de la comunidad cibernética. Era el sueño de la web 2.0. Sin embargo estos espacios pueden ser ocupados por impresentables decididos a acabar con la voz del pueblo. ¿Podrá esta despreciable subespecie del ciberespacio acabar con las ventajas que Internet nos ofrece?

CIBERANTROPOLOGÍA.ORG EN LA OUC
25/10/08

La editorial OUC (Universitat Ouverta de Catalunya) a través de su serie Tic.cero se ha interesado por publicar los resultados del examen DEA que defenderé en el mes de noviembre y del estudio realizado entre un centenar de usuarios de redes sociales.

Antes de que termine el año, la publicación Ciberantropología. Cultura 2.0 estará en las librerías. Buen dato.

EL RETRASO TECNOLÓGICO
01/11/08

En la Inglaterra de la revolución industrial apareció un movimiento llamado ludita, que agrupa a un grupo de personas que rechazaban las nuevas maquinarias y abogaban por su destrucción. Sin embargo la revolución continuó avanzando de manera exponencial. A finales del siglo XXI aparece el neoludismo, que se opone a la inteligencia artificial y a todo progreso basado en la informática. El matemático Theodore John Kaczynski llegó a difundir el Manifiesto Unabomber, máxima expresión de todo este odio a la tecnología, por considerar que era la degradación y una nueva forma de enajenación del ser humano.

LA ZURRAPA MEDIÁTICA I (HIPOCRESÍA DE LOS MASS-MEDIA)
28/11/08

El circo mediático que gira en torno a la caja tonta tiene cada vez menos modales y es más inmoral. Además, pone en tela de juicio la hipocresía y el doble rasero de la sociedad española. Hace unos años el PP, la AVT, Onda Cero y la COPE iniciaron una caza de brujas contra el grupo vasco Soziedad Alkoholika, al que acusaban de hacer apología del terrorismo en sus letras, que a buen seguro nunca han escuchado. Tras un largo proceso, el juez no encontró indicios de tal acusación, aunque calificó de deplorables sus canciones, quizá sin tener en cuenta que su opinión como crítico musical carecía de fundamento e importaba a muy poca gente. Más deplorables son algunas sentencias judiciales (dos años de prisión por robar una botella de vino en el corte inglés, mientras que asesinos e homicidas pasean por la calle sin cortapisas legales) Allá la conciencia de cada uno a la hora de realizar su trabajo, pero al menos, su señoría, no opine de lo que no sabe.

Sin embargo, nadie actúa cuando varios canales de tv están dándole cuartelillo a un personaje tan despreciable como Violeta Santander. Por si no estás al tanto (cosa extraña, ya que esta tipeja está a todas horas en los programas más casposos, esos que nadie reconoce ver), un energúmeno (Antonio Puerta) estaba agrediendo a su pareja (Violeta Santander), y un ciudadano que pasaba por allí (el profesor Neira), posiblemente sensibilizado por las mil y una campaña de violencia de género, decidió ayudar a la dama. Recibió una brutal paliza por parte de una bestia que a golpes lo dejó en coma y en un estado crítico. Un asesino, ya que alguien que golpea a sangre fría a una persona hasta casi matarla no puede ser llamado de otra manera.

Pues mientras Neira se debate entre la vida y la muerte, la violeta (el artículo delante del nombre y la minúscula están puestos adrede) lejos de agradecer la intervención de Neira, se dedica a pavonearse por los platós de televisión, llenándose los bolsillos hasta que Puerta salga de la cárcel. Antena 3 y Tele5 están enriqueciendo a un criminal y a su cómplice, que lejos de pagar por su delito, serán premiados ¿estos son los doce meses doce causas de Tele5? ¿Cómo se puede ser tan hipócrita? En el mismo saco podríamos meter a Julián Muñoz o a Roldán, ladrones consumados que encima son cubiertos de oro y gloria por los grandes grupos de opinión.

La enseñanza que extraemos de esta actitud es que podemos pasar de delincuente a estrella mediática gracias a la falta de escrúpulos de ciertas cadenas. Sin embargo ningún juez ni partido político se atreve a denunciar por apología de la delincuencia

LAS 10 TECNOPREMONICIONES QUE FRACASARON
13/12/08

La revista T3 ha recopilado las 10 premoniciones que fracasaron.

1. "El iPod nunca despegará", Alan Sugar, en 2005.
2. "No hay necesidad de tener un ordenador en cada casa", Ken Olsen, fundador de Digital Equipment, en 1977.
3. "Las aspiradoras impulsadas por energía nuclear serán una realidad en diez años", Alex Lewyt, presidente del fabricante de aspiradoras Lewyt, en 1955.
4. "La TV no durará porque la gente se cansará rápido de pasar todas las noches mirando una caja de madera", Darryl Zanuck, productor de la 20th Century Fox, en 1946.
5. "Nunca se fabricará un avión más grande que éste", un ingeniero de Boeing, deslumbrado al ver el Boeing 247, con capacidad para10 pasajeros, en 1933.
6. "Estamos en el umbral del correo vía cohete", Arthur Summerfield, director general de Servicio Postal, en 1959.
7. "Nadie va a necesitar más de 640 Kb de memoria en su ordenador personal", Bill Gates, en 1981.
8. "Los americanos necesitan el teléfono. Nosotros no. Nosotros tenemos mensajeros de sobra", Sir William Preece, director del Post Office británico, en 1878.
9. "El spam estará resuelto en dos años", Bill Gates, en 2004.
10. "Se acabará demostrando que los rayos X son un timo", Lord Kelvin, presidente de la Royal Society, en 1883.

LA ZURRAPA MEDIÁTICA II (PERSONAJILLOS VENIDOS A MÁS)
21/12/08

Siguiendo la línea de la opinión anterior, podemos ampliar el abanico de personajillos que pasan de la nada a "su todo" por méritos poco meritorios.

Al menos, los protagonista de esta segunda entrega acceden a la gloria mediática, más o menos efímera, traficando con su honor, su imagen su cuerpo o su dignidad, ya no a través del crimen y el robo. Chicas con pocos escrúpulos que se arriman todo lo que huela a farándula, sobrinos, primos o presuntos amigos de último rollo de hijo de una cantantecilla de los 80 venida a menos. Jóvenes que se echan a llorar en casting de baile en el que más que bailar lo importante es enseñar carnaza y sollozan confesando que han nacido exclusivamente para esa ridícula prueba de cinco minutos.

Personajes sin escrúpulos dispuestos a fomentar una farsa en "realitys" de duda calidad que se pretenden dignificar autodenominándose experimentos sociológicos.

Estos escenarios sirven como caldo de cultivo para que gañanes de medio pelo pasen de la mediocridad a ser colaboradores mediocres de los gallineros que a media tarde ocupan todos los canales de televisión.

Y aun teniendo este panorama nos quejamos de lo mal que va el sistema educativo

LOS TIRANOS SE OBSESIONAN CON INTERNET
25/12/08

Más de mil millones de personas usan cada día Internet para comunicarse y buscar información. Decenas de Gobiernos buscan, mientras, la manera de controlarles. Internet es el icono de la Sociedad de la Información, y por eso se impiden el acceso a aplicaciones como YouTube o Google Maps.

En entradas anteriores de este blog hablaba sobre el miedo de los gobiernos hacia la democracia digital. El terror a perder su parte de pastel hace que el conocimiento suponga un enemigo potencial. No sólo los regímenes totalitarios, también las presuntas "democracias" ponen trabas a la información libre.

China, por su parte, ostenta el triste récord de tener mayor número de personas encarceladas por ciberdisidencia: 52, de un total de 68 en todo el mundo, según RsF. Si tiramos de hemeroteca nos encontraremos con noticias tan escalofriantes como las siguientes:

* Reino Unido estudia censurar Internet: el Gobierno quiere que el sistema de clasificación de películas por edades se aplique en la red.

* Vietnam y Australia también censuran en Internet: el país asiático prohíbe 'blogs subversivos, mientras el oceánico bloquea el acceso a 10.000 sitios 'web'.

* 25 países ejercen la censura en Internet: un estudio de Harvard, Oxford, Cambridge y Toronto concluye que el control gubernamental de la Red está aumentando.

Y para concluir, no dejéis de leer la entrevista a Manuel Castells (sociólogo) "El poder tiene miedo de Internet"

EL MARKETING DE LA IGLESIA CATÓLICA
23/01/09

Hace unos meses en Londres comenzó a circular un autobús animando a los ciudadanos a vivir como si dios no existiera. En España la campaña ha repercutido y en varias ciudades tenemos la réplica: "Probablemente dios no exista: deja de preocuparte y disfruta la vida" es el lema que una plataforma ciudadana ha plasmado en diversos autobuses de ciudades de todo el país (http://www.busateo.org/).

Los obispos católicos, en un ejercicio de sana tolerancia y democracia ya han dado su opinión "objetivamente una blasfemia y una ofensa a los que creen". Por ello insta a las autoridades competentes a "tutelar el ejercicio pleno del derecho de la libertad religiosa". Da miedo oír a los obispos hablar de libertad (Que se lo digan a los millones de asesinados en la hoguera por el hecho de no pensar como ellos).

Pero precisamente por eso, por el derecho a la libertad religiosa, no se puede impedir en una democracia que un colectivo ciudadano muestre su opinión, con dinero que sale de sus bolsillos. En cambio la iglesia no duda en colocar banderines y panfletos con "dios existe", financiado en parte por dinero público. El colectivo da una propuesta (probablemente) pero la iglesia afirma.

Por el mismo rasero, si hubiera que censurar el autobús, habría que censurar toda la propaganda católica. Esta gente de la sotana no se da cuenta de que en el siglo XXI la razón y la palabra tienen más poder que la hoguera: ya no estamos en la edad media. Sin embargo siempre miran para otro lado cuando salen noticias como esta: (Decenas de ex alumnos sordomudos acusan de pedofilia a 25 profesores religiosos en Verona: http://espresso.repubblica.it/ 23-I-09)

CONEXIÓN A INTERNET DE 1GB POR 39€
27/01/09

La operadora japonesa KDDI Corp comercializa desde septiembre del año pasado conexión a Internet sobre fibra óptica con velocidades de carga/descarga de 1 Gbps . ¿Su coste? 5985 yenes (39 euros) mensuales para contratos de dos años e incluye servicios de voz y datos con velocidades simétricas de 1.000 megabits por segundo. Evidentemente, estas cifras nos hacen ver en qué posición nos encontramos en el ciberespacio. Después nos venden todas esas historias de los centros del conocimiento, del linex y del ordenador (Caduco, por cierto) cada dos alumnos

¿CUÁNDO SE ROMPERÁ EL SACO?
02/02/09

Las compañías de telecomunicaciones se burlan de los usuarios, ante la indefensión de éstos. Lo triste es que abusan del ciudadano y es que se creen que es porque somos tontos, y el abuso se debe a que los políticos piensan en los empresarios, que son los que manejan más dinero. Una compañía puede ofrecer un servicio decadente, puede bloquear tu línea durante meses, pero nadie te ayudará a resolver tu problema. Si te toca, ya puedes rezar, que no saldrás del atolladero. Nos ningunean, nos roban, nos exprimen a impuestos... Después tiene la poca vergüenza de criminalizar la descarga de ficheros desde Internet ¿cómo se puede ser tan hipócrita? Tienen la sartén por el mango pero tal vez cuando le den la vuelta a la tortilla se vean salpicados por el aceite.

"Si no hacemos nada, Internet y el cable estarán monopolizados dentro de diez o quince años por las megacorporaciones empresariales. La gente no conoce que en sus manos está la posibilidad de disponer de estos instrumentos tecnológicos en vez de dejárselos a las grandes compañías. Para ello, hace falta coordinación entre los grupos que se oponen a esa monopolización, utilizando la tecnología con creatividad, inteligencia e iniciativa para promocionar, por ejemplo, la educación."
Noam Chomsky

EN BREVES (TITULARES DE PRENSA)
02/02/09

Titulares de prensa sobre temas que ya hemos ido tratando o sobre instituciones antidemocráticas como la SGAE y cia.

LA E-ADMINISTRACIÓN AIREA SU FRACASO
Desde hace años la grandes empresas manejan ficheros digitales y ofrecen una gran diversidad de serivios on-line. La

sanidad española airea que en dos años estarán disponibles las historias clínicas digitalizadas ¿cuántos años de retraso? la administración electrónica en un timo.
Dos años para que arranque en toda España la historia clínica digital
El País: MARÍA SAHUQUILLO - Madrid - 02/02/2009

RAMONCÍN Y SUS AMIGOS ATACAN DE NUEVO
"Tenemos que pelear para que las descargas no nos hagan desaparecer" No se preocupan de hacer mejores películas, sino de recibir más dinero. Demasiado bien viven a costa de los impuestos. Menos samba e mais travaillar. Y el dinero de las subvenciones para que nuestro Internet vaya al menos a la mitad de la velocidad que va en Europa. Y además, es prepotente creer que las bazofias monotemáticas que se ruedan en España puedan interesar a los cibernavegantes.
La presidenta de la Academia denuncia en la ceremonia de los Goya a los teleoperadoras que ganan dinero a costa de sus contenidos
ELPAÍS.com/Agencias - Madrid - 02/02/2009
'Parece que el guión de los Goya lo ha hecho la SGAE'
EL MUNDO

LOS MONOPOLIOS NUNCA SON BUENOS
Una hora sin Google hace temblar al ciberespacio.
La 'Googledependencia'
Internet reflexiona sobre el poder del buscador que en tan sólo 55 minutos desconcertó al mundo entero
EL PAÍS. LUZ FERNÁNDEZ - Madrid - 02/02/2009

NUESTROS DATOS EN BUENAS MANOS
Nuestra identidad online puede dar rentabilidad a algunos ¿sería necesario tener más cuidado con lo que publicamos en la red?
¿Planea Facebook rentabilizar los datos de sus usuarios?
EL MUNDO. Jose A. Navas Madrid

SOBREVIRA LA ADSL SIN EL P2P

Si las "democracias" occidentales censuran el intercambio de ficheros entre ciudadanos ¿tendrán sentido las ADSL? ¿qué opinarán las operadoras de telefonía? Está claro que si bloquean la ADSL de un usuario, este dejará de pagar la cuota (y el correspondiente 16% de IVA)

Irlanda vetará a los que descarguen música ilegal

EL MUNDO

¿CÓMO ADULTERAR LOS DATOS PARA QUE LA SGAE PAREZCA EN POSESIÓN DE LA RAZÓN?

11/02/09

Son increíbles. Así se adulteran las cifras para hacernos ver que las copias son malas y están matando la música. Ojo a la noticia, 300 CD que hubiesen aportado unos beneficios de 5000€. Una simple división arroja un coste de casi 17€ por unidad: ese es el precio que las compañías pretenden hacernos pagar para que unos cuantos parásitos vivan como reyes sin dar un palo al agua. Los chinos se conforman con menos: a dos euros la unidad, con lo que el lote se hubiera vendido por 600€, no por 5000€. Intenté quedar un comentario en la noticia, pero fue borrado. Y eso que es un periódico ligado a la izquierda, y por tanto más comprometido con la democracia.

DETENIDA POR VENDER CD Y DVD FALSIFICADOS

11/02/2009 EL PERIÓDICO EXTREMADURA

LA GUARDIA CIVIL detuvo el pasado fin de semana a una ciudadana de nacionalidad china, identificada como L. A. H., de 42 años, acusada de vender Cd y DVD falsificados. Los agentes se incautaron de 300 copias, cuya venta habría reportado unos beneficios superiores a los 5.000 euros. La detenida, que se encontraba de forma irregular en España, ofrecía los DVD y CD a los viandantes en la calle cuando fue localizada.

JUECES CONTRA LA LIBERTAD DE EXPRESIÓN EN LA RED
MARTA DEL CASTILLO: UNA EXCUSA PARA LA CENSURA EN INTERNET
19/02/09

Tuenti, la red social española por excelencia está a punto de padecer la incompetencia del sistema judicial español. En los últimos días, este espacio virtual sosegado y tranquilo se ha visto de repente en el punto de mira del circo mediático: telediarios y pseudoprogramas desinformativos se hacían eco de la existencia de estos escenarios virtuales, refugio de los que escapan de la mierda que escupe la televisión. Y malo es que estos periodistas (por llamarlos de alguna manera) descubran una competencia que ofrezca algo diferente a ellos. Televisión y prensa han diseñado un lado oscuro de la red, intentando recuperar adeptos, o al menos de quitarse de en medio alternativas a la telebasura que ellos ofrecen. Se ha hablado de usurpación de la intimidad, de robo de identidades y otras mentiras al uso: centrémonos, la red es un escenario más, complementario y con unas reglas y códigos. Si no se respetan estos códigos, puede acarrear problemas (nunca más peligrosos que los que podremos encontrar en la calle) pero no es un peligro en sí mismo.

Hasta tal punto llega la paranoia que el juez de turno decide imponer a Tuenti que elimine algunos de sus perfiles: ¿No se da cuenta esta gente de la toga que la tecnología esta posibilitando nuevas alternativas a los canales preestablecidos? ¿No se dan cuenta de que la sociedad está cambiando? Efectivamente NO. No se dan cuenta porque siguen con un código civil decimonónico que no responde a las necesidades actuales, no se dan cuenta por que siguen ofuscados con una ley del menor deficiente y con la que nadie está de acuerdo, pero que ningún partido político se ha atrevido a arreglar. No se dan cuenta porque los juzgados están dejando de lado ofrecer un servicio a la ciudadanía y se están llenando de los escombros que pueblan los platós de televisión. No se dan cuenta porque están mirando impasibles como la novia del asesino de Marta, con 14 años, se pasea por los programas de carnaza de altas horas de la madrugada, infringiendo sus autodenominados códigos éticos (esta gente sabe vender carnaza, pero carece de ética). El problema no es que Tuenti, FaceBook o MySpace ofrezcan un espacio a la gente que quiere escapar de esta mierda, el problema está fuera de la red, el problema está en esos asesinos que campan a sus anchas mientras la ley trata de discernir si son asesinos u homicidas, el problema esta en esos padres que facilitan que una niña de catorce años viva con un asesino, el problema está en esos jueces que retuercen la ley para buscar una sentencia extravagante que les permita salir en televisión, el problema está en esos padres que echan las culpas al sistema educativo por no haber educado a sus hijos (educar es tarea de los padres). El problema esta en esta televisión que paga cifras increíbles por una entrevista a ladrones como Julián Muñoz, en esa televisión que convierte en estrellas a asesinos y sus cómplices, como el excremento que golpeó casi hasta dejar en coma a un ciudadano (el profesor Neira) cuando intentaba que no pegara a la arpía de Violeta Santander. El problema está en ese 30% de share que ve esa televisión basura que vende morbo, carnaza y mierda.

Sin embargo la justicia permanece impasible ante todos esos problema, que si estarían dentro de su competencia, y por su incompetencia arremeten contra escenarios que no conocen, que no comprenden.

INTERNET NO PONE EN PELIGRO NI A LA MÚSICA NI AL CINE
23/02/09

Mientras el cine español se dedica a lloriquear echando balones fuera y acusando al top manta y a Internet de la ruina del cine (creen que su fracaso se puede extrapolar), el cine francés triunfa. Incluso una producción con un factor autóctono tremendo, con una comercialización internacional difícil triunfa en medio mundo. Bienvenue chez les chitis, que en España se comercializa con el nombre de Bienvenidos al norte, arrasa en las taquillas (incluidas las españolas). Menos llorar, menos amarrarse a las subvenciones y más producciones de calidad. Esa es la receta para salir del atolladero.

Dany Boon es el cineasta europeo mejor pagado, con 26 millones de euros El éxito del francés, le ha llevado a recibir el pasado 14 de julio, día de la fiesta nacional, la medalla de la Legión de Honor (Diario Hoy, 23/02/09)

El intérprete francés Dany Boon, protagonista, director y coproductor de "Bienvenidos al norte", se ha embolsado ya 26 millones de euros, lo que le convierte en el cineasta mejor pagado de la historia del cine europeo, según publica el diario 'Le Figaro'.Aunque el salario fijo de Boon por su papel en la película más vista de la historia en Francia asciende a 1,35 millones de euros, a ello hay que añadir diferentes porcentajes sobre las ventas de entradas, DVD, derechos al extranjero, visión en televisión de pago o derechos de autor, entre otros. Así, "Bienvenidos al norte", la simpática historia de un cartero del sur de Francia desplazado a una localidad norteña, que lleva ya recaudados 150 millones de euros, ha hecho que Boon alcance, como mínimo, la cifra récord de 26 millones de euros, según el diario francés. Boon sobrepasa de largo así en su condición de actor-productor a los nombres más apreciados de las salas europeas. Gérard Depardieu percibe como actor unos 3,54 millones de euros por película y Daniel Auteuil (líder del ránking del pasado año), 3,5 millones, mientras que Vincent Cassel cobra unos 2 millones de euros y Jean Reno recibe 1,8 millones de euros por trabajo. El éxito de Boon , cuyo film ha superado las 20 millones de entradas en Francia, le llevó incluso a recibir el pasado 14 de julio, día de la fiesta nacional, la medalla de la Legión de Honor

STOP CRIMINALIZACIÓN
28/02/09

En España la democracia no acaba de madurar. Ayer un concierto de Soziedad Alkoholika era censurado en Badajoz por el capricho del PP. El PSOE tampoco se libra de esta práctica inquisitoria, pues Extremoduro, el grupo más representativo de Extremadura fue declarado como non grato por el mediático Ibarra (merece la pena escuchar a Roberto Iniesta dando su visión del problema). SA está de gira: Portugal, Francia, Alemania, Italia, México, Colombia... pero el ayuntamiento de Badajoz no permite que toque en esta ciudad porque un politiquillo de tres al cuarto ha decidido que no le parece adecuado. Un politiquillo de un partido carcomido por la corrupción que en 30 años de pseudodemocracia no ha sido capaz de condenar la dictadura que sufrió España durante 40 años. Bajo falsas injurias y amenazas se han encargado de que el grupo pase de largo. Se quejaban de sus letras proetarras. Yo por más que los escucho no encuentro esta apreciación: hay postura crítica ante la iglesia manipuladora, ante los gobiernos corruptos, contra la violencia de sexo (violencia de género es unja aberración léxica), contra el hambre el tercer mundo, contra el sufrimiento animal... en fin temas que a ningún estamento continuista (gobierno español e iglesia, por ejemplo, que en nuestro país pasean de la mano) les resultan agradables, pues les interesa más tener ciudadanos aborregados que mentes críticas.

El caso es que el hecho ha desatado una guerra dialéctica en la versión online del periódico local, con más de 500 comentarios en dos días, batiendo todos los records hasta ahora de este medio. Claro está, los mensajes han sido debidamente manipulados (como no podía ser de otro modo). Con estas actitudes es normal que en Europa nos miren con cierta lástima y desdén.

SGAE EN LA TIERRA DEL SOFTWARE LIBRE
07/03/09

Nuestros políticos, basándose en las verdades a medias esas con las que consiguen perpetuar su poder cada cuatro años dicen que Extremadura es pionera en la sociedad de la información. Hablan de Linex, de pcs en las aulas, en fin de todas esas cosas no consensuadas de estos déspotas ilustrados del siglo XXI. De hecho los habituales usuarios de linux se sintieron profanados cuando sobre base debian se lanzó ese engendro rebautizado linex, un sistema arcaico que nunca ha llegado a funcionar correctamente. Pero a la administración le resbalaron estos comentarios: el caldo de cultivo era perfecto, 700 centros educativos deseosos de mejorar sus recursos, aunque nos diéramos de frente contra la abominación de la consejería de educación.

Y lanzaron también un eslogan llamativo: SÉ LEGAL, COPIA LINEX. Los años ha pasado, el señor Millán salió en el New York Time y tuvo su momento de gloria. Ahora, las garrapatas de la SGAE, una de las organizaciones más antipopulares de este país decide traer sus premios de la música a Badajoz. No seamos hipócritas ¿Cómo se pueden celebrar la fiesta de los que acaparan, usurpan y exclusivizan las ideas en la tierra donde nos ufanamos de ser pioneros en el uso masivo del software libre?

¿QUÉ SIGNIFICA REALMENTE CIBER?
22/03/09

Mi buen amigo Notrec se pregunta en su blog sobre cómo los términos cibernauta, cibercultura, ciberamor, cibersexo... o sencillamente ciber comenzaron a ser parte de nuestro léxico. Es cierto que el dichoso prefijo está presente por todos lados, en sus dos versiones: cyber y ciber. Para los puristas de la lengua que suelen atenerse a la RAE, lo correcto es ciber.

La palabra viene a España del francés cybernétique, este del inglés cybernetics, y este del griego clásico κυβερνητική, que viene a ser el arte de gobernar una nave. Sería pues, en nuestra época, el estudio de las analogías entre los sistemas de control y comunicación de los seres vivos y los de las máquinas; y en particular, el de las aplicaciones de los mecanismos de regulación biológica a la tecnología.

La vigésima tercera edición del diccionario de la RAE pretende recoger algo así:
1. adj. Perteneciente o relativo a la cibernética. Tecnología cibernética. Avances cibernéticos.
2. adj. Dicho de una persona: Que cultiva la cibernética. U. t. c. s.
3. adj. Creado y regulado mediante computadora u ordenador. Arte cibernético.
4. adj. Perteneciente o relativo a la realidad virtual. Viaje cibernético.

El término cibernauta sería pues redundante, ya que nauta es el marino, al que se le atribuye las función de ciber: quedémoslo pues en ciber (como humano que se relaciona con la máquina) o como internauta (el que navega por Internet). La Ilíada y su obra hermana, la Odisea. atribuidas a Homero, son dos de las obras más importantes de la literatura griega, y por ende, del mundo occidental. En ella Ulises navega y se enfrenta a mil y una tentaciones (en la imagen, intentando resistir el canto de las sirenas). Curiosamente Ilíada viene de Ilión, que es nombre griego de Troya, y todos somos conocedores del alcance de los troyanos en la era de Internet.

Por eso más que con neologismo, estamos manejando una raíz con más de 30 siglos de historia. Por lo tanto, feliz ciberlectura ;-)

LA WIKIPEDIA SE COME A ENCARTA
01/04/09

La Wikipedia ha acabado con 16 años de historia de la enciclopedia Encarta, del gigante Microsoft. Con tantos adeptos como detractores, la Wikipedia es uno de los símbolos de la generación 2.0. Esta batalla supone un paso más en la lucha por la democratización de la red.
Mientras los gobiernos (defensores de SGAE's y demás calaña) y las grandes empresas de software (que pretenden vivir indefinidamente de la rentas) arremeten contra la inevitable y próxima victoria de la iniciativas ciudadanas en la red, hechos como este se convierten en grandes hitos.
Según Microsoft "La gente busca y consume la información de forma diferente que en el pasado". La noticia fue publicada antes en la Wikipedia que la web de Microsoft.

COMO UTILIZAR LA CRISIS PARA COARTAR LA LIBERTAD EN INTERNET
07/04/09

Los noticiarios acaban de dar la noticia: nuevo ejecutivo para luchar contra la crisis. Aunque este blog no suele hablar de política, no podemos dejar de destacar el nombramiento de la nueva ministra de cultura: Ángeles González-Sinde. Es hija del fundador y primer presidente de la Academia de Cine y se ha destacado por sus declaraciones contra la piratería y las medidas (como el canon digital) que deben adoptarse de cara a las nuevas tecnologías para proteger los derechos de autor. Su nombramiento ha sido acogido con críticas en algunos destacados sitios de Internet, como Twitter y Meneame.net. Y es que como suele ocurrir con esta gente que vive del cuento, no destaca por su currículo artístico (¿cuántos éxitos ha compuesto ramonción o teddy bautista?) sino por heredar el cargo de su padre. Bueno, a lo que vamos, que la gente de la farándula en vez de currar por su negocio y hacer un buen trabajo sigue empeñada en arremeter contra Internet como válvula de escape antes su ineficacia.

Lástima, otra puñalada trapera a la sociedad de la información por parte de un gobierno que se hace llamar socialista, pero que como está demostrando, está intentando a toda costa manipular un medio de libertad colectiva como es internet. Todos somos sospechosos para los poderosos.

CIBERANTROPOLOGÍA: CULTURA 2.0
18/04/09

En diciembre defendí mi Diploma de Estudios Avanzados (la antigua tesina) y la UOC - editorial de la la Universitat Ouberta de Cataluña se interesó en el tema. Pocos trámites, era un tema de actualidad y en un par de semanas el libro se estaba vendiendo en medio mundo (ha llegado hasta Japón) bajo el título Ciberantropología: cultura 2.0, y es uno de los primeros en tratar el tema (cierto, tema un poco friki y de ámbito reducido, pero interesante para la gente que nos movemos en ciencias sociales). Por eso, aunque estoy contento, lo que me entristece es que haya sido una universidad de fuera la que se haya fijado, al igual que el Observatorio de la Sociedad de la Información en Extremadura no me haya respondido, mientras que el mismo observatorio en Castilla y León ya me ha pedido colaboración para su próximo boletín.

Hoy, el Periódico Extremadura me dedica una entrevista a página completa, cosa que les agradezco mucho.

MENTIRAS Y GORDAS... DE LA CASTA POLÍTICA
21/04/09

Mentiras y gordas es uno de los últimos engendros del cine español. De ese cine que vive de subvenciones y que pretende que subproductos como este den de comer de por vida a toda la cuadrilla que se reúne a su alrededor. Lo triste, es que de los tres guionistas de la película, una es ministra de cultura. Una ministra que arropada por el gobierno y sus panfletos - el país o la ser- pretende hacernos creer que la culpa de la crisis del cine español la tiene Internet, en vez de reconocer que nuestro cine está sobrado de dinero público y falto de ideas. Unos panfletos que ridiculizan a los que no opinan como el poder establecido (Dice que los internautas son unos ruidosos que se desgañitan).

Pero reconocer eso es nombrar la soga en casa del ahorcado. Para la actual ministra, la cultura se limita a la música de la sgae (que no a los músicos que se dejan la piel buscándose las habichuelas en los conciertos) y al cine de barrio que caracteriza nuestras producciones. No habla esta señora de fenómenos de taquilla como Bienvenidos al norte, que gracias a ser un producto de calidad no teme a las descargas. Tampoco habla de los grupos que se dan a conocer a través de myspace, colgando sus discos en la red - eliminando intermediarios usureros- y dando conciertos que nunca hubieran conseguido por el anquilosado modelo de las discográficas convencionales.

La INDUSTRIA cambia, pero no la CULTURA. La CULTURA no es lo que está en peligro, lo que esta en peligro en el MONOPOLIO de la sgae, los cineastas subvencionados y los cantantes de tres al cuarto que pretenden defender con el beneplácito del gobierno lo que no son capaz de defender sobre un escenario o componiendo. Un derecho de pernada del siglo XXI. Lo que está en peligro el tren de vida de esa pandillita que se refugia en el Rocamador de Miguel Bosé. Ya está bien de abusos, que se dediquen a trabajar y que vivan de su trabajo. Un gobierno que se dice socialista no puede permitir privilegios de casta.

PREMIOS INTERNET '09
02/05/09

La Asociación de Usuarios de Internet celebra como cada año los Premios de Internet, que se convocan con carácter anual desde 1997 y tienen por finalidad reconocer a personas, organizaciones, empresas y actividades que han contribuido, durante el año anterior y de forma relevante, a la difusión, buen uso y al desarrollo de Internet.

Tienen un carácter de reconocimiento, no llevan asociada ninguna contraprestación económica y tienen carácter internacional. A los ganadores, en cada categoría, se les hará entrega de una estatuilla, de diseño exclusivo en la Gala de entrega de premios que tendrá lugar en Madrid, el día 13 de Mayo, en un acto que congrega a todo el sector de las nuevas tecnologías y de la Sociedad de la Información.

EE UU ABRONCA A ESPAÑA POR "PIRATA"
06/05/09

Parece ser que la amistad de Obama con ZP empieza a salirnos cara. La usura imperialista no tiene límites, y si pagamos de sobra las barbacoas de Ansar en el racho de Bush, la foto con Obama y el asiento prestado en el g20 tampoco van a salir gratis al ciudadano de a pie.

El nuevo presidente gringo exige al ejecutivo español que prohíba las descargas p2p (primer paso de la censura en la red). Tiene guasa que venga USA a darnos lecciones de ética sobre Internet. Un país que no quiere luchar contra el SPAM y que lo permite impunemente para que sus empresas vendan, aunque sea de una forma nada ética. Un país en el en muchos estados existe la pena de muerte, un país en el que se tortura a prisioneros, en el que cualquiera pueda tener armas en su casa (y después pasa lo que pasa, y mucho llantito en el telediario). Un país que hace que un avión en pleno vuelo (París-México) tenga que dar un rodeo de seis horas (improvisando escala en una isla del Caribe) por que lleva a un periodista crítico con la política del imperio. Un país que asesina árabes para conseguir petróleo barato. Un país que margina del panorama a aquellos que no comen hamburguesas ni compran Levis...

Si tenemos en cuenta todos los cánones (la grabadora, el disco duro, el CD, DVD ó MP3, la tarjeta de memoria...) que pagamos injustamente los usuarios españoles (particulares, empresas e instituciones) resulta que pagamos más de canon que la pérdida de derechos de autor que suponen las descargas. Pero eso no interesa oírlo ni a los gobiernos ni a la SGAE y similares. Además, si estos individuos pretenden controlar lo que yo descargo ¿por qué no podemos controlar los ciudadanos qué se subvenciona con nuestro dinero?
(No sólo estamos los españoles en el punto de mira, Argentina también está en observación)

PREMIOS INTERNET `09 (MEJOR COMUNICADOR)
09/05/09

Hace unos días, o dos post, según se mire, os comentaba que había presentado mi candidatura a los Premios de Internet. Recibí vuestro apoyo, y el jurado ha debido de tenerlo en cuenta. De hecho he pasado la primera criba, y ahora estoy en el Top-10 del premio al mejor comunicador (no pudo ser por web ni por iniciativa).

El 13 de Mayo, miércoles, a las 12:30 horas en el Salón de Actos de la SETSI (Secretaría de Estado de Telecomunicaciones y para la Sociedad de la Información) de Madrid en la calle Capitán Haya 41 se celebrará el acto, y se entregarán los premios. A ver qué pasa amigos. De todas maneras, el llegar hasta aquí y compartir espacio en esta candidatura con periódicos, emisoras de radio y hasta con el programa tras la dos, de rtve, ya es suficiente premio.

PREMIOS DE INTERNET (OTRO AÑO SERÁ)
12/05/09

No pudo ser este año. Otra vez será. Muchas gracias por vuestra cooperación

C3. Mejor Comunicador
Marta Rodriguez y César Vallejo (Rtve)
Juan Bautista Benítez Delgado (Periodista)
Rafa Martinez Landa (Euskadi Digital)

LA VERDAD SOBRE TUENTI (DIARIO HOY)
18/05/09

Estos días, tuenti está que arde. No, no se asusten, no tiene nada que ver con acosos sexuales ni otras barbaridades. Arde tuenti porque se acercan los exámenes finales y los chicos de la ESO se pasan por esa red social de Internet los problemas de matemáticas solucionados, las traducciones de inglés, los trabajos de final de curso. En tuenti se cuece todo. El listo de la clase pone en su muro los ejercicios de sintaxis y el resto de la clase los copia y los presenta.

En el aula, durante los exámenes, un teléfono móvil basta para fotografiar las preguntas y los problemas en un instante de distracción del profesor. Al instante se envía a tuenti y al segundo lo pillan en las otras clases, que hacen el examen después. No estoy haciendo ciencia ficción ni exagerando, sé de lo que hablo y la verdad es que debiera indignarme, pero acabo más fascinado que enfadado.

Y viene Zapatero y dice que va a entregar ordenadores portátiles gratis a los niños de Primaria para que hagan los deberes. ¿Los deberes? Que conste que no voy de derrotista y me parece muy bien lo de los ordenadores a los niños. Ya sé que con eso no basta, pero los ordenadores son una herramienta más y son necesarios.

Otra cosa es lo de la formación de los profesores. Desde que hay informática en el aula ha estallado la revolución: por primera vez en la historia, los escolares saben más que los maestros y no hay remedio a tal despropósito.

El otro día explicaba Carmen Galán, profesora de la Uex, que los niños de 10 años emplean un lenguaje en los sms y los e-mail que los de 13 desconocen. ¿Cómo se van a poner entonces al día los de 30 y los de 50? Arde tuenti y cuando el profe corrige no sabe si le pone nota al alumno o a su PC.
J. R. ALONSO DE LA TORRE (Diario HOY)

JUICIO AL P2P (O CENSURA ENCUBIERTA)
19/05/09

La industria discográfica sigue con su despropósito, con el beneplácito de políticos y jueces. Piden 13 millones de euros a Pablo Soto, desarrollador de algunos clientes de p2p, en compensación por las descargas de las canciones que hicieron los usuarios que utilizaron sus programas. Esto se debe sin duda al descaro de empresarios y al analfabetismo tecnológico (o por otros intereses no tan claros) de los jueces. El p2p es un programa para compartir cualquier tipo de archivo, no exclusivamente archivos con derechos de autor. El cuchillo es una herramienta muy útil en la cocina. Pero si alguien la utiliza como arma, no se puede acusar a su creador.

"No soy el cabeza de turco de nada pero tampoco me siento el héroe de las descargas". El acusado indicó que estaba tranquilo porque él sólo había desarrollado una herramienta y por tanto no se sentía responsable del uso que se hiciera con ella. "La tecnología es siempre neutral, no se puede acusar a ningún desarrollador de un programa por el uso que le den luego los usuarios". "El propósito de la industria discográfica española al solicitarme una indemnización tan alta es simplemente hacerse publicidad, cosa que ya ha conseguido, y de paso lanzar la idea de que utilizar programas para descargarse contenidos de Internet es algo delictivo".

Ya puesto, supongo que ramoncín estará planeando cómo denunciar a Graham Bell por inventar el teléfono, a Edison por idear la grabación de sonidos y a Marconi por la transmisión por ondas. También empresas como Microsoft deben ser denunciadas, pues los clientes de p2p funcionan en esta plataforma. También Intel, por participar en el procesado de las instrucciones dadas por el programa. Doble moral tienen otras empresas, como Sony, que por un lado es discográfica y por otro lado fabrica grabadoras de cd-dvd y discos vírgenes ¿indemnizarán y serán indemnizados al mismo tiempo? ¿Será más grande la multa que pagarán o la indemnización que recibirán?

Por otra parte, si lo que se está demonizando es el compartir información, también se acabará castigando que en los bares se comparta el periódico (que cada uno se compre el suyo) y lo mismo ocurrirá con las bibliotecas. El bolígrafo o el lápiz y el cuaderno también serán objetos penalizados, porque sirven para retransmitir ideas. Por la misma regla de tres, si un niño aprende una palabra de otra persona que no sean sus padres, estos deberían pagar un canon por el aprendizaje de su hijo. Como docente, si mis alumnos utilizan los contenidos aprendidos en mis clases, deberían pagarme un royalty, por el beneficio que han obtenido de ellos.

Pero dejando las ironías a un lado, lo que está claro, si se dan cuenta, es que al final es el ciudadano de a pie el que paga. La justicia no es ciega, cuesta mucho dinero, y demostrar tu inocencia no es gratis. Vivimos en un país donde terroristas y asesinos campan a sus anchas, donde las cadenas de televisión propagan incultura haciendo estrellas mediáticas a residuos sociales, donde las grandes empresas se lucran exprimiendo al consumidor, y se inventan crisis para saciar su usura desmedida, donde un alcalde se puede fugar con millones de euros en dinero público, y encima se convierte en un héroe y pagan sus entrevistas a 300.000 euros... y nadie hace nada. Y lo más triste es que un gobierno que se hace llamar socialista no sólo lo consienta, sino que lo incentiva.

ORIGEN, HISTORIA Y FUTURO DE LA HUMANIDAD
23/05/09

Pantés ánthropoi tou eidenai orégontai fisei
(Todos los hombres sienten pasión por conocer)
Metafísica (Aristóteles)

La existencia de la humanidad es efímera si la comparamos con la existencia de vida sobre el planeta, al igual que la existencia de la Tierra es fugaz si la comparamos con la existencia del universo. Continuando la analogía, la existencia de un ser humano es demasiado breve si la medimos en relación con la humanidad, pero ¿qué es en relación con la existencia del universo?
Perdonadme que me haga un poco de publicidad. Es que hace unas semanas salió mi cuarto libro, y como ahora lo están promocionando en la feria del libro de Badajoz, pues me pareció oportuno colocar este post.

MI IPOD160GB (SIN CANON)
11/06/09

Ya viene mi Ipod de 160Gb, desde Canadá, y sin pagarle el canon a Ramoncín y sus secuaces ¿realmente esta medida es beneficiosa para alguien más que para ellos? Yo suelo comprar en comerciantes locales, y que el beneficio quede en mi ciudad, pero va por principios NO AL CANON: la cámara de fotos me vino de Japón, el Ipod de Canadá... y aún así se economiza.

Por cierto, muchos de los mp3 que cargue serán de grupos que están fuera de la SGAE, que andan por circuitos alternativos de comunicación (éstos si viven la música como afición, y no los vendidos de OT). Y si no, voy a sus conciertos (Que es donde gana pasta el autor).

ACOSO, GROOMING Y BRECHA DIGITAL
23/06/09

Últimamente se viene hablando mucho en prensa del ciberacoso. Haberlo haylo, pero volvemos a lo de posts anteriores, que la prensa tradicional trata de demonizar Internet por ser el medio llamado a transformar la sociedad.

Es necesaria una buena alfabetización tecnológica. Nos comen el tarro diciendo que los jóvenes son los nativos digitales y los adultos inmigrantes de este nuevo espacio. Pero no es verdad, hay una enorme brecha entre los jóvenes, donde un porcentaje reducido dominan las nuevas tecnologías y el resto sólo son usuarios básicos, para hacer bulto en la red. La sociedad funciona así en todos los aspectos ¿qué porcentaje de adultos domina el lenguaje bancario? una mínima parte, y de ello se aprovechan Botín y sus homólogos. El 10% (siendo optimista) que controla su jerga, puede reducir el daño de su usura, pero los demás estamos perdidos.

Por ello, para no caer víctima de estos acosadores de la red, hay que partir de una serie de normas básicas:
1) No des datos personales a NADIE.
2) Nunca compartas tus contraseñas
3) Nunca cedas a ninguna petición a través de Internet (puede que no hables con tus amigos, sino con alguien que suplante su identidad)
4) Configura los niveles de privacidad de tu red social
5) Instala y mantén actualizado el antivirus.

6) Si alguien toma el control de tu ordenador, apaga el router, y formatea el ordenador. Y se acabó

Dice el refrán que persona precavida vale por dos. Si te sales de casa y cierras la puerta, alguien puede entrar a robar. Pero si le dejas la puerta abierta, le estás facilitando mucho las cosas. Si pierdes la tarjeta de crédito con el número secreto al lado, estás invitando a barra libre a la persona que se la encuentre. Tanto en Internet como en la vida física, hay que actuar con sentido. A parte de eso, la red es la mayor revolución de los últimos siglos: DISFRUTA INTERNET.

LA EGOLATRÍA EN EL CIBERSPACIO
05/07/09

Nos gusta sentirnos el ombligo del mundo, qué le vamos a hacer. A veces me gusta realizar búsquedas con mi apellido en Google. Así encontré unos de mis libros en Japón, y otro en la biblioteca de la Universidad de Chicago. En Facebook o en Tuenti me gusta encontrar "parientes" desconocidos, y charlar con ellos. El instituto nacional de estadística nos obsequia con una página en la que descubrir por dónde se expanden nuestros apellidos, y ver su exclusividad o su predominancia (nunca ver si es demasiado raro o demasiado común).

Hace un rato, charlando con mi amigo Ledo por Messenger, me decía que había encontrado una cadena de pizzerías con su apellido: LedoPizza. Tal vez parientes lejanos, o el tío rico en América. El caso es que la red, que nos da anonimato, que nos da impunidad, que nos da una doble identidad, nos permite sentirnos importantes por momentos.

METALLICA - OPTIMUS FESTIVAL 09 - LISBOA
11/07/09

- WE WANT MORE, WE WANT MORE....!!!!
- Do you want more? I believe in you. Look in my eyes. Only one more, searching...seek & destroy

Con estas palabras terminaba el concierto de Metallica en Lisboa. Hetfield, tan breve como conciso con sólo abrir la boca capta con una elegancia pasmosa la atención de 50.000 personas, que lo escuchan extasiados. Ayer fue en Lisboa. Hoy y mañana en Madrid (donde no quedan entradas para ninguno de los dos días), y pasado en Barcelona. Amigo Dialéctico ¿algún político en la península ibérica es capaz de captar la atención de sus seguidores de esta manera? Seguro que no.

Esta es la manera de vivir de la música, tocar y emocionar. Quizá ramoncín debería darse cuenta de que este es el modelo de negocio, que la música se salva haciendo música, y no lloriqueando en los despachos. Y sí Amaral o el Canto del Loco no pueden congregar a tanta gente en sus conciertos, pues deberían pensar en bajar su caché o en no tocar, pero darse cuenta de que vivir de conciertos subvencionados y de cánones de usura, no son el medio de llegar a la gloria.

SACERDOTES 2.0 - DE LA WEB AL CIELO
14/08/09

Los curas, más humanos que divinos, también utilizan las nuevas tecnologías en su vida cotidiana. Cuando Jesucristo decía "dejad que los niños se acerquen a mí" (Mc 10,14) a buen seguro que pensaba en otra forma de acercamiento. Pero un sacerdote australiano captó el sentido de estas palabras de un modo menos casto. No se podía esperar que la niña que pretendía que se le acercase era un agente de

policía. No es noticia novedosa que la iglesia acoge en su seno a curas pederastas. Lo novedoso de esta noticia, era la pericia del pastor en las comunidades digitales.
Detenido un sacerdote por intentar seducir a una niña de 13 años a través de Internet

LAS EDITORIALES ESTÁN MATANDO AL LIBRO
02/09/09

Los mercados del disco y del libro se vienen quejando amargamente desde que Internet se convirtió en una herramienta generalizada y de uso masivo. Según ellos, las descargas de la red han hecho caer las ventas. Pero sin embargo, y a pesar de haber abusado de su posición como distribuidores únicos no les ha hecho aprender nada de marketing y de atención al cliente. Dejaremos el tema de los discos para el próximo post y nos centraremos en los libros.

Ojos azules, el último relato de Arturo Pérez Reverte se vende con alevosía al precio de 14€ euros. El texto no excede de 5 folios. Hay mucha gente que disfruta tocando el libro, gozando del olor del papel, pero 14€ por 10 minutos de lectura es pura usura.

Otro caso, es el de los libros técnicos. Transmisión de datos y redes de comunicaciones, de Behrouz A. Forouzan, de Mcgraw-Hill se vende al precio de 70€. Constantemente el autor remite a los apéndices del cd para las demostraciones matemáticas de los conceptos. Pero el cdrom no aparece por ningún lado: no viene con el libro, no viene en la web y llamando por teléfono a la editorial, dicen que no existe, que existirá en la edición americana, y que la edición española es una traducción literal. Cuando vendes un producto a ese precio ¿no se merece un poco de atención y actualización? Parece que no, sobre todo si atendemos a su nota aclaratoria en la primera página: La información contenida en este libro procede de una obra original publicada por mcgraw hill.

Mcgraw hill España no garantiza la exactitud de la traducción y no asume ningún tipo de garantía sobre los contenidos... ni trata de prestar ningún tipo de servicio profesional ni técnico.

Además de Internet, otro enemigo inventado por las editoriales fue la fotocopiadora. La fotocopia mata al libro, decían las campañas en defensa de los editores, pero pagadas por todos los contribuyentes. Esto me sirve, intentando no caer en la demagogia, para hablar de un tercer sector de moda estos días: los libros de texto. Un cuadernillo de ejercicios, con 80 páginas, en blanco y negro se vende a 35€ ¿esto es justo, normal y ético? ¿Qué es menos ético, fotocopiar o vender a ese precio?

Para concluir, ni Internet ni la fotocopia son enemigos ni acabaran con el libro en papel. Es la codicia y el mal hacer de las editoriales y del propio mercado los elementos que estrangularán ese medio. Estemos atentos al desarrollo del mercado en los próximos años.

SINVERGÜENZAS 2.0
10/09/09

Estaba el otro día en casa de mi madre. Llaman de Ya.Com: "por favor, necesitamos su número de cuenta bancaria. Hablamos ayer con la señora X, es el dato que nos falta, para cumplir el trámite" "Sinvergüenzas, pero si en esta casa no hay ordenador" pi,pi,pi... Evidentemente, el día anterior no hubo ninguna llamada. Al igual que citamos Ya.com, podemos poner Jazztel, Tele2 o cualquier proveedor de segunda fila.

Es increíble como los gobiernos permiten que estas empresuchas timen al ciudadano. Si te enganchan y te quieres dar de baja, no te dejan. Pero si tomas las de Villadiego y dejas de pagar, te meten en morosos y te llevan a juicio. Si tú, victima, denuncias, no te hacen caso. Si ellos, usureros, denuncian, te complicas la vida. Como pruebas, grabaciones manipuladas y entrecortadas (un SI en medio de una frase puede ser recortado para demostrar que querías un alta en el servicio...) Presuntamente hay una presunta ley que nos protege, pero ¿en qué escenario la hacemos valer? ¿qué juez llevará a trámite nuestra denuncia?

Y hoy ya llevo dos llamadas (aunque su técnica es fastidiar la siesta y molestar en otros horarios intempestivos).

Nª OCULTO: (voz grabada)Ha mejorado la cobertura de internet en su zona. Si quiere escuchar la oferta pulse uno...
Nº PRIVADO: Buenas tardes, le llamo de securitas direct ...
Nº PRIVADO: Buenas, le llamo de Carrefour. para ofrecerle una nueva línea de financiación.

Y un mensaje de texto:
RENNOVA: Enhorabuena!Su número de móvil ha sido elegido para recibir un Nokia N96 completamente gratis. Envíe ahora mismo NOKIA al 5322. No lo dude!PROM.LIMITADA. 1.5empubli

Lo mejor para no verse envueltos en problemas de los que nos va a costar salir, no hacer caso a estas llamadas. Si necesitamos algún servicio, que seamos nosotros quienes llamemos.

SOS: Racismo en red
20/09/09

La red está absorbiendo todo lo bueno y todo lo malo de la sociedad. Aunque nos guste soñar con que es un espacio libre, no deja de ser un ámbito creado por humanos, por lo que siempre será víctima de todos nuestros miedos y proyecciones. Aunque la red nos suele dar una doble identidad, hay ciertas cosas que no cambian.

Por ello os invito a hacer clic sobre la foto, y a que juguéis a buscar la diferencia entre la foto de la web americana de microsoft (a la izquierda) y el mismo apartado en la web polaca (a la derecha) ¿tan diferentes somos los europeos de los americanos? Espero vuestra opinión.

Versión para los EEUU

Versión para Polonia

PRENSA TRADICIONAL FRENTE A PRENSA DIGITAL
27/09/09

La tendencia es que el medio en papel desaparezca. Claro, ahora enciendes el pc y entras en la web de diferentes periódicos, y en unos minutos estás al día desde diferentes perspectivas, incluso en prensa internacional. Aún quedan los que compran el periódico en el quiosco porque le es más cómodo o sienten algún extraño apego al "olor del papel". Pero en poco tiempo los lectores de libros digitales serán un electrodoméstico más, que estará presente en cada hogar. Cuando esto sea así, en un plisplas nos acostumbraremos a llevar una enciclopedia, cientos de libros y un quiosco completo en el e-reader, un aparatejo que cabrá en un bolsillo y no pesa más de 100 gramos, y ya no cansará la vista, como ocurre con las pantallas de los pc.

Es el futuro, y es imparable. Hace 10 años el efecto 2000 era asunto de unos pocos frikis y comunicarse por email era una rareza de unos pocos extravagantes (jeje, mi primer correo en gratismail.com, en 1996, era una herramienta inutil, pues no haía casi nadie con quien comunicarse). Por supuesto las redes sociales eran algo inimaginable. Hoy día es algo cotidiano y marca un estilo de vida.

Por eso la prensa suele demonizar internet (Cuando el caso Marta del Castillo acusaban a Internet de haber servido como medio organizativo), por el miedo que les produce el cambio. Pero una vez migrados a esta nueva fase, el periodismo será más dinámico y más eficiente. Pero los mediocres que hoy están subsistiendo caerán.

Y un último apunte: El gran beneficio del medio ambiente ¿se han parado a pensar en la cantidad de papel que se derrocha inútilmente cada día? Y este papel procede de los árboles. Al igual que hoy nos estamos acostumbrando a lo del "BOLSA CACA" dentro de cuatro o cinco años será "PAPEL CACA"

CONCIENCIA CIUDADANA EN LA SOCIEDAD DE LA INFORMACIÓN
11/10/09

El hackmeeting es un encuentro libre y autogestionado que gira en torno a las nuevas tecnologías, sus implicaciones sociales, la libre circulación de saberes y técnicas, la privacidad, la creación colectiva, el conflicto telemático... Está destinado a todo tipo de personas que tengan una mente abierta y curiosa con ganas de compartir sus experiencias y vivirlo participando en la coordinación como una más. Algunas charlas y talleres exigen conocimientos informáticos avanzados, otros no; y otros ni informáticos. El hackmeeting no hace distinción entre asistentes y organizadores, es un buen ejemplo de autogestión y participación ciudadana. No ha tenido mucha repercusión mediática, porque a fin de cuentas ni a los políticos ni a los medios le interesan la gente que piensa. También lo dijo Fernando Savater el jueves, que dio una charla en el cpr de Badajoz: "hay dos tipos de personas, los creyentes y los pensadores" (Aunque se formó un buen revuelo en la sala. Pido disculpas a quien se sienta ofendido) Si quieres saber más del tema mira su web (http://www.sindominio.net/hackmeeting/)

EL 70% DE LOS ALUMNOS DE 1º DE ESO TENDRÁN PORTÁTIL
14/10/09

No sabemos si se trata de un globo sonda, de una fantasmada o si va en serio, pero según el periódico Extremadura, el 70% de los alumnos de la eso tendrá un portátil este año. ¿Es una medida acertada teniendo en cuenta que la tasa de desempleo alcista que padecemos? ¿Es pertinente la implementación de estos dispositivos en un año en el que ha habido vacantes que no se han cubierto hasta un mes después del comienzo del curso? Quizá la modernísima administración que vela por nuestros impuestos ha decidido prescindir de docentes y sustituirlos por portátiles ¿Pero se habrán planteado prescindir de los cargos políticos, mucho menos productivos?

[El Periódico Extremadura] El 70% de los alumnos extremeños de 1º de ESO de centros sostenidos con fondos públicos, es decir, unos 9.500 estudiantes, dispondrán este curso de un ordenador portátil facilitado por la Consejería de Educación, según confirmó ayer el director general de Política Educativa, Felipe Gómez, en la Comisión de Educación de la Asamblea.

NTX: FESTIVAL DE NUEVAS TECNOLOGÍAS EN EXTREMADURA
18/11/09

Este próximo fin de semana, en los Santos de Maimona, vuelve a la carga el NTX, Festival de Nuevas Tecnologías en Extremadura. Es un evento de carácter autonómico y multisectorial, donde se dan cita numerosas entidades de diversos ámbitos relacionadas con la Educación, Empresa, Ciudadanía, Formación y Empleo, para intercambiar experiencias y conocimientos con el fin de aprender colectivamente y dar a conocer sus novedosos proyectos. Más detalles en su web http://www.festivalntx.net/.

ADD: Jueves 22. Por aquí ando, observando un poco el panorama. Ando un poco perdido, pues no acabo de pillar el mecanismo al evento ¿es una salón de juegos / cibercafé de grandes dimensiones? Bueno, me acaban de invitar a un taller para que me haga el VideoCv. Ya que estamos de tarde friki pues he dicho que sí. Salgo en la TV y me llevo dvd para casa.

VUELVE LA CENSURA ¿VOLVEMOS AL PASADO?
23/10/09

Hace unos meses, el ayuntamiento de Badajoz (PP) impidió la celebración de un concierto de SA en Badajoz. Pero ahora un ministerio de cultura socialista ha ido más allá, y ha prohibido que se proyecte en España la película Saw VI. El cine de terror tendrá más o menos adeptos, pero no se obliga a nadie a ir al cine. Así que a fin de cuentas, nos están obligando a enchufar la mula y descargarla.

Un ministerio de cultura puritano y conservador se retrae hasta los tiempos del régimen franquista y censura una película que ha sido realizada con capital privado (no todas las películas se hacen gracias a subvenciones). Mientras tanto, regala dinero público para películas de corte pornográfico, como mentiras y gordas. Vamos, que se le sigue viendo el plumero, que hay que seguir pagando el no a la guerra, las fiestecitas de la sgae, y el Rocamador de Bosé (derecho de pernada de los artistas afines al régimen).

Mientras tanto se permite el circo mediático nauseabundo (ver la zurrapa mediática I y II) que copa los shares de las falseadas estadísticas de audiencia: sexo, violencia y desprecio constante a todo aquello que huele a cultura. Como diría la princesa del pueblo - la esteban- y punto pelota.

Sin embargo no hubo censura en mentiras y gordas, uno de los trabajitos de la ministra, que pudieron ver sin tapujos niños y niñas de toda España.

UN CUARENTÓN DE MODA
29/10/09

Internet cumple 40 años. Aunque en la mayoría de los hogares sea aún un niño, hace hoy 40 se produjo un hecho, que simbólicamente, podría ser considerado el inicio de Internet como medio de masas. El 29 de octubre de 1969, Leonard Kleinrock, profesor de la UCLA, envió un mensaje a sus colegas del Standford Research Institute. Se trataba de comprobar que una máquina podía dialogar con otra con un nuevo protocolo. Tenía que escribir L-O-G. Llegaron la L y la O. Al primer intento, fue imposible con la G.

Si quieres profundizar, échale un vistazo al artículo de Miquel Barceló, profesor de la Universidad Politécnica de Cataluña (El País, 29/10/10).

CIUDADES CREATIVAS EN LA SOCIEDAD DE LA IMAGINACIÓN.
5/11/09

Ciudades Creativas en la Sociedad de la Imaginación. 5º Congreso de Creatividad e Innovación es un evento que tendrá lugar en la ciudad de Cáceres del 12 al 14 de Noviembre de 2009 con motivo del Año Europeo de la Innovación y la Creatividad. Entiende que las ciudades representan un escenario inmejorable sobre el que experimentar nuevos modelos de innovación social y económica, convirtiéndolas en laboratorios urbanos donde experimentar desde la creatividad de su ciudadanía, socializando la innovación y la creación de escenarios más sostenibles.

Me ha invitado a participar en una especie de mesa redonda denominada creálogo, y cuya temática es la oportunidad de organizar la creatividad en red. Así que allí estaré el viernes 13 de noviembre junto a Francisco García (moderador), María Fernanda Jaramillo, Sascha Haselmayer y Maren Lübcke.

5 CONGRESO CIUDADES CREATIVAS EN LA SOCIEDAD DE LA INFORMACIÓN
13/11/09

El taller (creálogo) ha resultado muy interesante y participativo. Como también me he comprometido con los participantes a continuar con la participación en la red, pues cuelgo el resumen y las preguntas que se han ido generando en el mismo. Así que, desde la magnífica vista que me aporta el claustro gótico del Complejo Cultural San Francisco, coloco el documento que se ha ido generando, basado en preguntas cuyas respuestas buscaban plantear otras preguntas. Estáis todos invitados a continuar con el debate. Son vuestras ideas.

¿Por qué la red es una oportunidad para ser creativos? Crea nuevos estímulos. Genera nuevos soportes tecnológicos. Crecimiento constante. Falsedad en la red. Hacer cosas diferentes. No aprovechamiento de las redes. Adolescentes rebeldes y utilizan esos mecanismos. Aprovechamiento. Todos creamos información.

¿Por qué Internet? Es un instrumento barato y rápido. Nos permite ser generadores de contenidos.

¿Por qué no se cambia la estructura piramidal? Perspectiva distinta. Cambio. Nos permite romper estructuras. Concepto Lector/ Autor.

¿Por qué somos cooperativos en la red? Siempre hemos sido cooperativos. Demasiado valor a Internet. Desconocimiento del medio.

¿Por qué nos da miedo destruir esas estructuras antiguas? Miedo a cambiar.

¿Por qué es más difícil construir que destruir?

a) El talento emprendedor rompe reglas.
¿Por qué se destruyen estructuras antiguas? Abaratamiento de los costes y universalidad de la red.
¿Por qué la universalidad de la red permite la ruptura?
¿Por qué Internet se interesa por lo antiguo?
¿Por qué Internet rompe con la antiguo?
¿Por qué las políticas tienen que favorecer la creatividad en la red?

b) Afabilidad de la red
¿Por qué tendríamos que reducir la complejidad para permitir la creatividad? Promover la calidad de vida.
¿Por qué los innovadores y los creativos se salen fueran de la red?

c) Brecha digital entre grupos de jóvenes
¿Por qué los adolescentes se están creando fuera?
¿Por qué no les damos una oportunidad a todos?

d) Las redes sociales son una oportunidad al ejercicio de la creatividad.
¿Por qué las redes sociales amplían esas posibilidades?

FACEBOOK, ATACADO POR LAS DICTADURAS COMUNISTAS
19/11/09

El Ministerio de Información y Telecomunicaciones vietnamita ha bloqueado en su territorio la red social Facebook. Hace seis meses ya bloqueó Yahoo360, y el portal de blogs de Yahoo. Además, ha prohibido a sus ciudadanos mantener o participar en bitácoras políticas. Varios blogueros disidentes han sido detenidos y algunos de ellos condenados a penas de cárcel. Al menos se les ve venir de frente: en occidente, los medios de comunicaciones convencionales, incapaces de generar ideas de negocio en este nuevo mercado global, también están llevando a cabo una campaña anti-internet. Pero esa es otra historia.

MONTIJO ANTI-SGAE
21/11/09

Montijo es protagonista de una revuelta ciudadana. Dando ejemplo de saber hacerse oír, establecimientos públicos de esta localidad han exigido a la codiciosa sgae un listado de sus presuntos protegidos, con el fin de que sus canciones no suenen a partir de ni en bares, ni pubs ni tiendas. Si esta iniciativa fuera un poco más allá, serían los propios "artistas" lo que exigirían que estos individuos de la sgae(que dicho sea de paso, poco han hecho por la cultura el arte o la música de este país) dejaran de protegerles.

Así lo cuenta en una nota de prensa la Asociación de Empresarios de Montijo y Comarca (Ademyc), con más de 250 socios. Y su postura es respetable y muy justificable. Si la sgae pretende cobrar por el uso de unos temas musicales, que digan cuáles son. Y que de esta manera se pueda saber qué se puede poner y qué no. Pero para ellos, era más fácil como se venía haciendo hasta ahora, denuncia genérica y a probar suerte. Ya está bien de abusar, y si quieren un buen sueldo, que trabajen.

EL ESPÍRITU DE LA GESTAPO SE APODERA DE ZP
02/12/09

La Gestapo (contracción de Geheime Staatspolizei: "policía secreta del estado") fue la policía secreta oficial de la Alemania Nazi. Creíamos que en un continente "civilizado" como el nuestro la dictadura y la censura habrían desaparecido para siempre. Sin embargo, este gobierno, que se hace llamar socialista, sigue dando pasos hacia atrás. Que esta noticia hubiera venido del PP, no debería habernos extrañado. Pues la buena nueva es que una comisión administrativa podrá bloquear las 'web' que faciliten las descargas 'piratas' de cine o música, sin que sea necesaria una intervención judicial. Es decir, primero disparo, y luego pregunto. Y pongo la pistola en manos del primero que coja por el pasillo

Cerca de 100.000 páginas web han publicado o han tratado hoy el "Manifiesto en defensa de los derechos fundamentales en Internet", elaborado de forma colectiva por periodistas, bloggers, usuarios, profesionales y creadores de Internet
.
Ante la inclusión en el Anteproyecto de Ley de Economía sostenible de modificaciones legislativas que afectan al libre ejercicio de las libertades de expresión, información y el derecho de acceso a la cultura a través de Internet, los periodistas, bloggers, usuarios, profesionales y creadores de

Internet manifestamos nuestra firme oposición al proyecto, y declaramos que:

1* Los derechos de autor no pueden situarse por encima de los derechos fundamentales de los ciudadanos, como el derecho a la privacidad, a la seguridad, a la presunción de inocencia, a la tutela judicial efectiva y a la libertad de expresión.

2* La suspensión de derechos fundamentales es y debe seguir siendo competencia exclusiva del poder judicial. Ni un cierre sin sentencia. Este anteproyecto, en contra de lo establecido en el artículo 20.5 de la Constitución, pone en manos de un órgano no judicial -un organismo dependiente del ministerio de Cultura-, la potestad de impedir a los ciudadanos españoles el acceso a cualquier página web.

3* La nueva legislación creará inseguridad jurídica en todo el sector tecnológico español, perjudicando uno de los pocos campos de desarrollo y futuro de nuestra economía, entorpeciendo la creación de empresas, introduciendo trabas a la libre competencia y ralentizando su proyección internacional.

4* La nueva legislación propuesta amenaza a los nuevos creadores y entorpece la creación cultural. Con Internet y los sucesivos avances tecnológicos se ha democratizado extraordinariamente la creación y emisión de contenidos de todo tipo, que ya no provienen prevalentemente de las industrias culturales tradicionales, sino de multitud de fuentes diferentes.

5* Los autores, como todos los trabajadores, tienen derecho a vivir de su trabajo con nuevas ideas creativas, modelos de negocio y actividades asociadas a sus creaciones. Intentar sostener con cambios legislativos a una industria obsoleta que no sabe adaptarse a este nuevo entorno no es ni justo ni realista. Si su modelo de negocio se basaba en el control de las copias de las obras y en Internet no es posible sin vulnerar derechos fundamentales, deberían buscar otro modelo.

6* Consideramos que las industrias culturales necesitan para sobrevivir alternativas modernas, eficaces, creíbles y asequibles y que se adecuen a los nuevos usos sociales, en lugar de limitaciones tan desproporcionadas como ineficaces para el fin que dicen perseguir.

7* Internet debe funcionar de forma libre y sin interferencias políticas auspiciadas por sectores que pretenden perpetuar obsoletos modelos de negocio e imposibilitar que el saber humano siga siendo libre.

8*Exigimos que el Gobierno garantice por ley la neutralidad de la Red en España, ante cualquier presión que pueda producirse, como marco para el desarrollo de una economía sostenible y realista de cara al futuro.

9*Proponemos una verdadera reforma del derecho de propiedad intelectual orientada a su fin: devolver a la sociedad el conocimiento, promover el dominio público y limitar los abusos de las entidades gestoras.

10*En democracia las leyes y sus modificaciones deben aprobarse tras el oportuno debate público y habiendo consultado previamente a todas las partes implicadas. No es de recibo que se realicen cambios legislativos que afectan a derechos fundamentales en una ley no orgánica y que versa sobre otra materia.

¿NO ES MÁS BONITO COMPARTIR QUE MENDIGAR UN CANON?
04/12/09

La Unesco nos regala en Internet la biblioteca mundial. Entre los documentos más antiguos hay algunos códices precolombinos, gracias a la contribución de México, y los primeros mapas de América, dibujados por Diego Gutiérrez para el rey de España en 1562.Los tesoros incluyen el Hyakumanto darani , un documento en japonés publicado en el año 764 y considerado el primer texto impreso de la historia; un relato de los aztecas que constituye la primera mención del Niño Jesús en el Nuevo Mundo; trabajos de científicos árabes desvelando el misterio del álgebra; huesos utilizados como oráculos y estelas chinas; la Biblia de Gutenberg; antiguas fotos latinoamericanas de la Biblioteca Nacional de Brasil y la célebre Biblia del Diablo, del siglo XIII, de la Biblioteca Nacional de Suecia. Os recomiendo pasar un rato por allí: ttp://www.wdl.org/es/

INTERNET FOR PEACE
09/12/09

http://internetforpeace.org es una curiosa iniciativa ciudadana que pretende "nominar" Internet para el Premio Nóbel de la Paz. Hay políticos, científicos o artistas que ya se han inscrito dando su apoyo a esta iniciativa.
- Finalmente hemos entendido que Internet no es sólo una red de ordenadores, sino un tejido infinito de personas.

- Hombre y mujeres de todas las altitudes, se conectan entre ellos, a través de la plataforma de relaciones más grande que la humanidad haya tenido jamás.
-La cultura digital ha creado las bases para una nueva civilización. Y esta civilización está construyendo la dialéctica, la comparación y la solidaridad a través de la comunicación.

- Porque desde siempre la democracia germina donde encuentra un ambiente amigable, donde la gente escucha intercambia y comparte. Y desde siempre el encuentro con los demás es el antídoto más eficaz contra el odio y el conflicto.
- Es por eso que Internet es un instrumento de paz.
- Es por eso que cada uno de nosotros puede ser una semilla de no violencia.
- Es por eso que la red merece el próximo Nobel de la Paz.
- Y será un Nobel otorgado a cada uno de nosotros

CHINA SIGUE CENSURANDO LA RED
5/12/09

Hace un mes hablamos en este blog sobre la decisión del Ministerio de Información y Telecomunicaciones vietnamita de bloquear en su territorio la red social Facebook. Siguiendo por las mismas latitudes, en los últimos días, el gobierno chino ha cerrado más de 500 webs. Y para no tener que aplicar esta medida ha decidido no permitir que las personas físicas (el ciudadano chino de a pie) pueda tener su propia web. Solo podrán registrar dominios de Internet organizaciones y empresas autorizadas. El Partido Comunista de China (PCCh) no permitirá que los librepensantes expresen libremente sus ideas. Si Marx levantará la cabeza, la volvería a agachar avergonzado.

LA LISTA DE SINDE
18/12/09

Bajo el lema yo también comparto cultura ¿y tú? la campaña ciudadana lanzada por el HAMLAB (Hacktivists Against the Machine) pretende denunciar la creciente presión sobre la libertad en Internet por parte de nuestro gobierno. En la página la Lista de Sinde se pretende recoger un listado ingente de webs que ofrezcan la posibilidad de compartir ficheros digitales. Internet vuelve a ser escenario para que la iniciativa ciudadana tenga voz sin pasar por el filtro de los medios de control ideológico del sistema capitalista y del estado. Hasta tal punto es necio ese control que en el Periódico, un tal Joan Barril, en su columna, nos suelta está joya "Pagamos por todo, pero la tecnología genera valores perversos".

EL EFECTO 2000 (X ANIVERSARIO DEL Y2K) 31/12/09

Hace 10 años, por estas fechas, el panorama informático andaba revolucionado. ADSL, comunidades virtuales, correo electrónico... eran palabras que aún no estaban en el léxico cotidiano. No había un parque de ordenadores tan extenso como el de hoy día, y era más extraño encontrar ordenadores en los hogares. Sin embargo, como una apocalíptica profecía, los medios de comunicación (siempre sensacionalistas y siempre buscando difamar la realidad en beneficio propio) extendieron como la pólvora el rumor del efecto 2.000.

Para estos apocalípticos mensajeros, el mundo tal como lo conocíamos estaba a punto de desaparecer. Paco Rabane, sin miedo a hacer el ridículo (miedo no tuvo, el ridículo sí que lo hizo) afirmó que la estación espacial europea caería sobre París provocando su destrucción. El uno de enero llegó, muchos informáticos tomaron las uvas delante de la pantalla. Pero no pasó nada. Internet ha crecido exponencialmente, generando una burbuja de ocio e información, alimentada por intereses económicos ¿Qué pasará cuando reviente? Seguro que su explosión nos coge de imprevisto.

TECNOLOGÍA - INDUSTRIA DEL ENTRETENIMIENTO ¿ENEMIGAS O ALIADAS?
08/01/10

Acabo de escuchar en Canal Extremadura TV a Laura Villaseñor, gerente de unos cines, no sé si de Almendralejo o de Mérida, que han proyectado Avatar en 3D. Por lo visto ha sido un éxito, aunque esta señora, contaminada por el emponzoñado lenguaje del actual gobierno, dice que el éxito se debe a la imposibilidad de piratear la película. Rancia y triste salida: ¿no ser que la gente está dispuesta a pagar cuando la industria del entretenimiento (ojo, que no la cultura)le da algo que merece la pena?

El caso es que, aunque los pequeños capós del entretenimiento carecen de formación tecnológica y se dediquen más a lloriquear y hacerle el juego a los mendigos del canon que a luchar por sus negocios y dar a su público lo que estos demandan, el futuro está aquí. Tal vez el enemigo esté en casa, y sean gente que opinan como esta señora las que impiden que sus negocios prosperen, y no la piratería. Mejor que echar balones fuera es ponerse las pilas.

Por cierto, dato importante. Entre las diez películas más vistas en 2009, sólo dos españolas: fuga de cerebros y ágora.

LINEX NO LLEGA A LOS PORTÁTILES
12/01/10

Decían que éramos pioneros. El pasado otoño, cuando los diarios regionales dieron la noticia de los portátiles que iba a distribuir la Junta, legiones de comentarios se vertían sobre los docentes, ya que con su sueldo, según algunos, deberían ser ellos los que se compraran esta herramienta de trabajo. Pues tras esa polémica estéril y las reuniones en las que nos indicaban que éramos los elegidos para esta nueva etapa, resulta que seguimos sin esta tecnología, mientras que los centros andaluces ya la disfrutan desde hace meses.

DE LA ECOGRAFÍA AL TUENTI
13/01/10

(Texto publicado en Diario Hoy, 13-01-2010 por Alonso de la Torre)

No habían nacido y sus vidas ya eran televisadas: sus fetos aparecían en una pantalla retratados en una ecografía. Desde la cuna fueron grabados en vídeo, en DVD, en compactas digitales, en teléfonos móviles. Ahora tienen 15 años y se han convertido en la generación transparente: todo lo que hacen es conocido al instante por la comunidad a través de Facebook, de Tuenti, de Twitter, de MySpace. Vuelven del botellón a las cuatro y quince minutos después, ya han colgado en Facebook las fotos más divertidas de la noche: bebiendo, tonteando, morreando, bailando, sonriendo.

Sus padres llevan toda la vida protegiendo celosos su intimidad y ellos la cuentan al instante. Es más, creen que nada de lo que les sucede tiene la menor importancia si no lo ve el mundo entero. No conocen el pudor ni el recato y con 12 años suben al Tuenti sus fotos con escotes, con músculos relucientes, con faldas cortas. ¿Estoy sexi? Sus padres no quieren cámaras que vigilen las calles ni escáneres en los aeropuertos, pero no saben que desde agosto los puede ver todo el mundo en bañador en una página de Facebook. Sus mayores tuvieron el Larousse, la Telefónica y el diario íntimo, personal y ultrasecreto. Los hijos consultan la Wikipedia y llaman por Skype. La diferencia es que su diario personal está en Tuenti y lo más íntimo es ultrapúblico. «La vida privada no será invadida ni la familia ni el hogar», reza la Declaración de los Derechos Humanos. Pero para la generación transparente lo privado es una bobada, lo que cuenta es que te hagan caso en Internet, solo así te sientes más tú.

PREMIOS 2.0 (USER2USER)
19/01/10

Mi ciberamiga aidanone me ha premiado (aunque haya sido en los premios de consolación). Ahora tengo yo que nominar a siete blogs amigos que suela leer y comentar frecuentemente. Yo sí me limitaré a siete (+premio especial)

Aunque siento que se me quedan fuera algunos, como Salón de Sol, Gustablog o el Peón de Brega. Por otra parte, cabe preguntarse ¿estarán llegando las cadenas de efecto bola de nieve a la red? Bueno, no lo hago con esa intención, sino con el afán del reconocimiento de bloguero a bloguero. A por ellos voy:

- Directorio de blogs de Badajoz, por su labor de cohesión
-Desde Cádiz, el blog de Paco Piniella, por su buena producción, en calidad y en cantidad (a veces me pierdo si estoy tres o cuatro días sin pasarme)
- Ana-web-logueando, el contacto más lejano que tengo en mi agenda virtual
- El blog de Manolo Sosa, por dar un toque de frescura a la política local
- El caballero de las triste figura, por elegir como nick el personaje que no consigo que mis alumnos de 1ºeso se tomen en serio, y por tratar de aportar una visión tecnológica al panorama político, más allá de la ñoñeria del linex (Ángel, Partido Pirata a las urnas ya)
- Feluky Circle, por lo animado y concurrido que suele estar
- Amigo de la dialéctica, por ser mi puerta de entrada a las blogsfera

Mención especial: La neurona biónica: amigo en la red y - desde hace muchas más años- en la vida real.

INCOMPETENCIA VS. PIRATERÍA ¿QUIÉN MATARÁ LA GALLINA DE LOS HUEVOS DE ORO?
24/01/10

Por fin. Tuve que emigrar a Almendralejo (También podría haber sido Mérida o Cáceres), pero pude ver Avatar en 3D. Estaba lleno, y lleva casi un mes en cartelera. Eso quiere decir que realmente el enemigo no es Internet ni el top manta ni las estulticias estas que los capos de la industria del entretenimiento (Ojo, que no de la cultura, que por más que le pese a Ramocín la cultura es otra cosa) se inventan para excusar su incompetencia. Si se ofrece algo que merezca la pena, el público, el consumidor, responde. Pero en los cines Conquistadores de Badajoz, todavía se están pensando equipar una sala con tecnología 3d ¿no es este un pensamiento retrogrado? ¿No es querer exprimir al máximo una inversión ya demasiado amortizada?

Desde luego la experiencia en 3d merece la pena. Pero si sumas películas cutres, en salas cutres ¿cómo se atreven a pedirnos cinco euros por un espectáculo que es mejorable en el salón de mi casa? Y es que desde hace tiempo me ha vuelto alérgico a las salas convencionales: la gente rumía palomitas, masca patatas fritas o sorbe bebidas de lata haciendo un ruido insoportable, todo ello acompañado de un repelente olor a golosinas varias. Es más cómodo alquilar una película en dvd y verla en salón de casa, con tu home cinema y tu lcd, sin tener que soportar ruidos, cotilleos, voces o gente que va y viene. El negocio se ha diversificado, ahora el cine se monta en casa, nos han vendido los medios, y las mismas empresas (Sony fábrica dvds y equipos de sonido al mismo tiempo que dentro del grupo tiene productoras cinematográficas y discográficas) han recogido dinero por otras vías.

Todo el mundo quiere su parte de pastel, y lo que no han sabido estar al día y posicionarse en el mercado, lloriquean un canon y una estúpida ley de censura de Internet, simplemente para ocultar su profesionalidad y su mal hacer profesional. Seguro que los productores de Avatar no tienen que mendigar subvenciones ni ayudas gubernamentales, por han sido capaces de generar un producto vendible y amortizable ¿por qué tenemos los españoles que pagar dos veces - primero con nuestros impuestos y después con el canon- producciones cotidianamente perecederas y sin interés para el público?

Pero hoy yo quería hablar de Avatar, así que dejo por un momento esta guerra de nuestro día a día y comento lo que me pareció la película. Pues me pareció muy buena, con sus guiños a la antropología. A fin de cuentas, el marine hace etnografía y registra sus vivencias en su cuaderno de campo (en videoblog). Por lo demás el tema no era muy original, y a medida que iba avanzando la película, me estaba recordando fidedignamente un artículo sobre los hazda que me estoy leyendo en la National Geographic de este mes. Pero no deja de ser una bonita metáfora, y no hay que irse a un lejano planeta para ver cómo somos capaces de matar por piedras. Es lo mismo que ocurre en Congo o Sudáfrica con el oro y los diamantes (otra peli que hay que ver: diamantes de sangre)

PELUQUEROS ANTI-SGAE
25/01/10

No hay duda de que la tecnología ha cambiado nuestros hábitos, y ese es el objeto principal de este blog. Pero otro tanto hace la SGAE, de la que hace unos pocos años pocos habían oído hablar, y ahora están en el ojo del huracán, y no precisamente por la simpatía que despiertan. Con el tan discutible cobro de los derechos de autor por la compra de aparatos electrónicos, los esbirros de Ramoncín saquean también las cajas del pequeño comercio: ya sea una carnicería, una ferretería o un kiosco, por el mero hecho de poner la radio, la sgae pretende sacar tajada.

Pero el gremio de peluqueros catalanes (no en balde se dice que fueron los que inventaron el hilo de cobre al tirar de una peseta) ha dicho basta. En una original propuesta, piden a sus clientes que traigan de casa su propia música, eso sí, original, para no herir sensibilidades. Medio en guasa medio en serio la noticia se ha propagado por los medios, igual que hace unos meses hicieran los hosteleros de Montijo. Desde luego no hay que tomarse en broma estas anécdotas, ya que como en Fuente Ovejuna, todos a una, es la única manera de luchar contra los usureros.

Y por otra parte, ya que el amigo Ramón se está querellando contra las webs en las que se habla de él, le facilito su labor, y le informo de que las palabras esbirro y usurero están en el diccionario, y no suponen un insulto (al final me hacen pagar canon por usar el diccionario de la RAE)

esbirro. (Del it. sbirro).

1. m. Oficial inferior de justicia.

2. m. Hombre que tiene por oficio prender a las personas.

3. m. Secuaz a sueldo o movido por interés.

usurero, ra. (Del lat. usurarius).

1. adj. ant. usurario (perteneciente a la usura).

2. m. y f. Persona que presta con usura o interés excesivo.

3. m. y f. Persona que en otros contratos o granjerías obtiene lucro desmedido.

HACIA UNA NUEVA DIMENSIÓN DE LA LENGUA
28/01/10

Tengo abiertas varias ventanas, y no encuentro en la red lo que busco. Por más que navego no encuentro más que virus, portales inútiles y cientos de enlaces rotos.

Si piensa que el emisor de este mensaje esta aireando su casa tras un paseo en barca del que salió resfriado, necesita actualizar sus conocimientos informáticos. Los hábitos y costumbres han cambiado, y el idioma también. A pesar de que la RAE suele actuar con poca agilidad, ya se atreven a incluir algunos de estos términos. Pero los avances son demasiado rápidos, y el léxico se hace omnipresente: Ipod, sms, cd, megas,gigas, mp3, mp4, ram, url, web, www, dns, ip, wifi...En su mayor parte, el léxico procede del inglés, y podemos distinguir diferentes categorías:

1) Palabras usadas en idioma original: web, touchepad, cookies,blog,banner, shareware, spam, hacker,on-line, dualsim, clic...

2) Traducciones directas: directorio, ratón, ventanas, navegador, enlace, portal, interfaz, disco duro, bit...

3) Siglas: http, www, dns, ip, wifi, sms, wap...

4) Palabras-argot, con un significado diferente del original: bajar, colgarse, caerse, navegar...

5) Neologismos o adaptaciones: buzón de voz, politono, chatear

Esto desemboca en frases hechas y/o sentencias presentes en el ideario colectivo, utilizadas por usuarios de las tic y por aquellos que no lo son: Hay que cambiar el chip. Estoy bloqueado, (colgado). Necesito desconectar. Lo termino en un clic ¿se te ocurre algunas más? Deja tu comentario.

MAIL TO MAIL (NOTREC).
01/02/10

Toda la Internet y más concretamente los millones de buzones de mail se ven, cada vez con mayor frecuencia, golpeados por numerosas iniciativas, manifiestos, declaraciones de intenciones u operaciones de marketing, más o menos encubiertas, de todo tipo. Unas veces acertadas o con propósito altruista, otras veces desacertadas, de propósito grupal y en la mayoría de las ocasiones triviales que como la pólvora corren el reguero del "mail to mail".

Me ha llamado especialmente la atención un mail con el propósito de ofrecerles un plantón a las eléctricas el próximo día 15 de febrero a las 22:00 horas con la duración de 5 minutos.

Probablemente desconocen los autores de la iniciativa que con tal medida o plantón las eléctricas se embolsarán aún más dinero que en el caso de que este no se provocara y por consiguiente los consumidores pagarán también más en su próxima factura. A menos que los manifestantes tengan un hogar pensado para la eficiencia energética esta afirmación es una realidad.

Imagino compresores, máquinas evaporadoras, emisores térmicos, lámparas de incandescencia, radiadores de aceite, televisiones de tubos de rayos catódicos, monitores, secadores y un largo etcétera parando en su momento de rendimiento óptimo y volviendo a iniciar al término del intervalo.

Cuidado con las cosas a las que le hacemos caso. No todo tiene buen fin... ¿o quizá sí?... todo depende del mail primitivo.

LA QUIMERA DE LA ADMINISTRACIÓN ELECTRÓNICA 06/02/10

umhhh, el calendario de mi ordenador dice que estamos en febrero de 2010. Mi portátil está detectando varias redes inalámbricas. Mi ipod reproduce ficheros mp3 de manera aleatoria. Acabo de comprar un gadget en Hong Kong vía ebay. Estoy paseando por Sidney con google street viewer. He contratado un curso en París y acabo de consultar mis extractos bancarios por Internet. Todo ello sin salir de casa.

Entro en la web de la Diputación de Badajoz y veo una convocatoria de empleo. Leo los requisitos, y parece que la convocatoria tiene varios años de antigüedad. Pero veo la fecha y me deja sin sentido:

Instancias: Desde 27.01.10 hasta 15.02.10
Primer ejercicio: Una prueba práctica consistente en un ejercicio mecanográfico [...] Este se realizará mediante máquina de escribir tipo mecánico manual que deberán aportar los aspirantes al momento de la realización de la prueba.

Está claro, por mucho que nos quieran vender la moto, la e-administración, al menos en este país, es una quimera. Un fraude con el que los que nos gobiernan pretenden tenernos entretenidos. Un cuento chino más, como esas falacias del reciclaje, la participación ciudadana y los nativos digitales. Hay cosas que nunca cambiaran: como seguir opositando con máquina de escribir mecánica en pleno auge de la sociedad de la información.

TELEFÓNICA CONTRA INTERNET
07/02/10

"utilizan las redes de Telefónica sin pagar nada, lo cual es una suerte para ellos y una desgracia para nosotros. Pero eso no va a poder seguir, es evidente. Las redes las ponemos nosotros, el peering lo hacemos nosotros, los sistemas los hacemos nosotros, el customer care lo hacemos nosotros, el servicio post-venta lo hacemos nosotros, el servicio de instalación lo hacemos nosotros... lo hacemos todo. Quiero decir, ellos tienen algoritmos y contenidos..." Así habla el presidente de telefónica. Es decir, una compañía que ha heredado toda su infraestructura de cuando era pública (coste cero) pretende que ahora los generadores de contenidos (GOOGLE...) le paguen por usar "su" red". Este tipo nunca se ha planteado eso de qué fue antes, si el huevo o la gallina: vamos, que la expansión de telefónica en los últimos años ha sido gracias a Internet. Y sin Internet no hubiera tenido estos beneficios, e Internet está por encima de Telefónica. Vamos que Internet sin ellos seguirá existiendo, pero Telefónica sin Internet tiene MUCHO, pero MUCHO que perder.

Por otra parte, "sus" redes las hemos pagado entre tod@s. Y que TOD@S disfrutamos de Internet. Si este tipo se empeña en cobrar a los generadores de contenidos, este coste repercutiría directamente en los usuarios de estos servicios, es decir: TOD@S NOSOTR@S, que fuimos los que pagamos esa red, y que era pública antes de que la malvendiera Aznar. Al hablar de generadores, sólo he puesto uno: GOOGLE. ¿Imagina la repercusión de este diezmo? Hacer búsquedas en google costaría dinero, ver o subir videos a youtube costaría dinero, ver el correo en gmail costaría dinero, usar google earth costaría dinero, escribir en este blog costaría dinero... porque hoy por hoy GOOGLE ES INTERNET. Es decir, si este tipo se sale con la suya, la expansión que ha tenido Internet en los últimos años, todo esta historia de la sociedad de la información y de la sociedad red perdería su razón de ser EN ESPAÑA. Sí, en nuestro país, en otros no. ¿Creen que una empresa que ha sido capaz de enfrentarse al gobierno chino (un mercado de 1500 millones de personas) va a amilanarse ante una fantasmada de este calibre? Evidentemente NO.

Telefónica ya cobra (Y MUCHO) por este uso. Recordemos que las ADSL españolas son las más caras de Europa en relación calidad-precio (Francia ofrece 18 megas por 29,9 €uros). Si no existiera Internet, se quedarían sin la gallina de los huevos de oro. Es decir, esta fantochada es como si las eléctricas (y no es que quiera defender es estos timadores) cobrasen a los fabricantes de electrodomésticos porque sus aparatos van a ser van a ser conectados a la red eléctrica. La única explicación que se me ocurre es la ENVIDIA. ¿Recuerdan el buscador de telefónica? sí, Terra. Pues eso ¿quién usa hoy día esta bazofia? Por cierto, siguiendo la misma norma, telefónica debería pagar por terra al resto de las operadoras de telefonía, ya que, por muy cutre que sea, si alguien que no sea cliente de telefónica accede a esta página, es su compañía quien se lo está permitiendo (según el razonamiento de Alierta).

EL PARADIGMA DIGITAL: REINVENTANDO LO INVENTADO
14/02/10

Las cucarachas nacen, crecen se reproducen y mueren. Fue el eslogan de un anuncio clásico ¿lo recuerdan? La publicidad, mediante metáforas trata de hacer que el ideario colectivo asocie una idea o un producto para que lo hagamos nuestro.

Pues este eslogan puede ser aplicado a los negocios. Todo mercado pasa por unas fases inexcusables. Por fortuna o desgracia nada es para siempre y todo tiende un momento de esplendor y otro de decadencia y desaparición. El paleolítico desapareció con la revolución neolítica, y éste con la edad de los metales. Los fabricantes de hachas de piedra no pretendieron cobrar un canon a los fabricantes de hachas de metal. Simplemente se adaptaron o desaparecieron.

Igualmente, que los creadores de hornos de leña no denunciaron la aparición de cocinas de gas, ni estos a los fabricantes de vitrocerámicas. Los procesos se van mejorando, es ley de vida. La innovación es motor de desarrollo. No podemos permanecer anclados en el pasado eternamente.

El mundo de la música ha evolucionado: se venden menos cd's, pero se mueve mucho más dinero que antes con menos gastos (descargas de politonos, itunes...) y hay muchas más bandas. Pero el mercado se ha abierto y ya no hay cuatro o cinco compañías que deciden qué grupo toca y cuál no. Ahora todo está mucho más abierto.

Con el cine pasa algo parecido. Antes el cine era una opción de ver un espectáculo que era imposible en casa. Ahora tenemos home cinemas, pantallas planas con calidad excepcional e incluso proyectores para montar un pequeño cine doméstico sin aguantar los inconvenientes de las salas tradicionales. El cine tradicional debe reinventarse así mismo si no quiere morir (las salas 3d siguen triunfando)

El ebook es el futuro. Sólo le falta que los ereaders bajen de precio. Los costes se abaratarán una barbaridad, a casi cero (no hay impresión, no hay distribución física) y una editorial modesta podrá comercializar sus productos en todo el planeta, cosa inimaginable hace unos años.

La prensa escrita, tradicional y anquilosada ha sido la última en apuntarse al carro de las quejas contra Internet. Pero es que ahora no tenemos que conformarnos con un periódico, porque en un clic podemos contrastar la noticias en varios medios, y ver su repercusión en los rotativos de otros países ¿por qué conformarnos con una opinión cuando podemos comparar y formarnos la nuestra propia?

Efectivamente, la revolución digital hará que los acomodados no ganen tanto. Las editoriales consolidadas, las grandes discográficas no tendrán todo el pastel. Ahora tienen que repartir el mercado. Es normal, y es bueno. Ahora cualquier banda graba su cd para que sea escuchado y descargado en todo el mundo. Ahora una editorial periférica puede colocar sus obras donde quiera. Ahora podemos contrastar noticias... En definitiva, ahora podemos elegir un poco más en este espejismo de libertad que es Internet. Los monopolios están cambiando, y su frustración se refleja en una pataleta infantil que gobiernos y los manipuladores de opinión tratan de conformar un Internet moldeable a su antojo, como han venido haciendo hasta ahora. Pero Internet es, en cierta medida, libertad, y eso no interesa a los magnates de la política ni a los creadores de opinión.

MAGNATES DE CONTENIDOS
19/02/10

La red está tendiendo a posicionar unas pocas empresas muy poderosas que controlan el ciberespacio. Por un lado tenemos a la omnipotencia absoluta: Google. Muy de lejos la página de referencia cuando se habla de Internet en general, y mucho más si se habla de motores de búsqueda. Si hace unos años cada internauta tenía sus preferencias y elegía entre la diversidad de portales de servicios y acceso que existían (entre otros: lycos, excite, yahoo, altavista y los hispanos ozu o terra), en nuestros días gran parte de estos proveedores de servicios han desaparecido o han quedado relegados a un segundo plano. Tal es la posición dominante que disfruta Google que en los últimos tiempos viene manteniendo un tira y afloja con el mismísimo gobierno chino (y unos de cada cuatro humanos es chino). Y es que Google pretende digitalizar toda la humanidad: Books, Maps, Earth, YouTube, Gmail, Blogspot...

Otro de los grandes magnates de contenidos es Apple. Si inicialmente era la alternativa exquisita a Windows, ha venido generado un modo de vida, casi una religión en la que los fieles de la manzana aceptan todo lo que su dios, Steve Jobs, les dicta. Copiados a diestro y siniestro, sin duda fueron los primeros en meter glamour en el mundo de la informática, con estudiados diseños y agradables y llamativos colores, cuando el mundo del pc era gris o negro. Ipod e iphone copan sus mercados, y sus usuarios claman con orgullo su posesión. Claro, una vez en racha no podían dejar escapar la oportunidad (la oportunidad es un tren que pasa una vez - normalmente- y nunca se pierde: o lo coges tú o lo cogerá otro). Itunes es la prolongación digital de la cacharrería de Apple. Y si Google ofrece sus contenidos gratuitamente, en la tienda de la manzana no te llevas nada sin pasar por caja: música, textos o aplicaciones suelen tener un precio bastante jugoso para sus creadores.

Y el tercer gran monopolio muy casero, con puertas y ventanas. Microsoft, una compañía que se posicionó como líder indiscutible de los sistemas operativos con dos premisas muy claras: por un lado no copó el mercado, y los usuarios de sistemas pc podían elegir entre Windows y otros s.o., como Linux. Por otra parte su facilidad para ser copiados sin la compra del original. Como consecuencia, Windows se convirtió en puerta de entrada a la informática para una población emergente y muy numerosa. Hoy día, empresas e instituciones se ven casi obligadas a mantener licencias Windows, el sistema más extendido y globalizado, ya que es el que manejan la mayor parte de sus trabajadores. Aprovechando esta predominancia, Microsoft intenta, quizá con menos tino que la competencia, exclusivizar servicios como el correo electrónico, redes sociales (Mucho menos versátil que Facebook) o buscadores (Bing nunca reemplazará a Google)

EL SÍNDROME DE LO INMEDIATO
24/02/10

En política se habla frecuentemente del cortoplacismo como el pensamiento que lleva a los políticos a actuaciones muy rápidas, improvisadas si se quiere, que presenten beneficios muy rápidos, aunque sean efímeros e inconsistentes, frente a largas reformas que arrojen resultados a medio o corto plazo por muy beneficiosos que sean para la sociedad (la legislatura dura cuatro años y la memoria colectiva es muy corta, sólo cuenta lo que hemos visto en el último mes). La sociedad en general actúa de esta manera. Nos hemos acostumbrado al todo vale y al de hoy para ayer.

El cibermundo, paradigma de apertura, libertad e inmediatez, no podía ser de otra manera. El síndrome de lo inmediato afecta al cibernauta hasta tal punto que ya no se teclea una dirección url en la barra de direcciones (que algunos no saben que existe) si no que se busca directamente google. Estos gestos son curiosos en cuanto nos muestran tendencias generalizadas y en cuanto nos permiten extraer, si no respuestas, si muchas preguntas: ¿nos estamos acomodando demasiado? ¿Estamos creando una dependencia hacia lo sencillo? ¿Limita y frena el conocimiento esta actitud o lo favorece?

ITALIA: JUECES ANTI-GOOGLE
27/02/10

Un tribunal en Turín ha condenado a tres directivos de Google a causa de un video que fue colgado en Youtube, y en el que cuatro individuos en un centro educativo se burlaban y agredían a un compañero autista. En el video, el resto de la clase permanecía impasible.

Youtube retiró el video y la acusación particular se dio por satisfecha, pero no así las autoridades italianas, que continuaron con la demanda. En un país donde los escándalos de sus dirigentes están a al orden del día, un ataque así contra Google sólo viene a confirmar la presión que los gobiernos pretenden ejercer sobre un medio de comunicación capaz de movilizar la acción ciudadana. Google avisa que "ellos ni colgaron, ni filmaron, ni revisaron el vídeo". Está acción solo está destinada a matar al mensajero, pues el autor del video, que fue detenido gracias a la colaboración de Google, sólo ha sido condenado a diez meses de trabajos a la comunidad. Entonces ¿qué pretenden condenar estos jueces? ¿el hecho de la vejación o demostrar que tienen poder para salirse con la suya?

Si en vez de video hubieran hecho fotos y las hubieran pegado en una farola ¿sería culpa del ayuntamiento propietario y del fabricante del mobiliario urbano? Si un energúmeno coge un cuchillo de cocina y mata a otra persona ¿sería culpable el fabricante del cuchillo o el que acuchilla?

Siguiendo esta lógica demoledora, condenar a Google por esto, abriría las puertas para condenar a los fabricantes de armas por todos los asesinatos y guerras habidos y por haber sobre el planeta.
Todos somos sospechosos para los poderosos.

INDUSTRIAS QUE CADUCAN, INDUSTRIAS QUE GERMINAN
02/03/10

La Feria tecnológica de Hannover abre sus puertas. 4.300 expositores, presentarán sus novedades en materia de telecomunicación y electrónica del ocio, un 25% menos que el año pasado. Entre las grandes ausencias, la japonesa Toshiba y la surcoreana Samsung. España es partener oficial, y Zapatero se ha hecho la foto con su homóloga Angela Merkel en el acto inaugural.

Y si en otros años arrasaron los home cinema, este año toca el turno de los proyectores de imagen en 3d. Es decir, que cuando los cines comerciales casi no ha implantado esta tecnología, los usuarios domésticos van a poder disfrutarlas tranquilamente en sus casas. Antes esta noticia ¿podemos seguir creyendo que la piratería está matando al cine o es la avaricia y falta de luces de los empresarios de estos espectáculos los causantes de su declive? El descenso de visitantes a las salas convencionales no va a ser a causa de las descargas de screeners, sino porque tendremos más calidad en nuestros hogares, sin tener que pagar una entrada usurera, ni aguantar los ruidos de palomitas, bolsas de golosinas o latas de refresco.

Por otra parte, esta mañana han tenido ponencias consecutivas Alierta y Nelson Mattos, de Google ¿Qué se habrán dicho al cruzarse en el estrado? Y, por otra parte ¿qué habrá dicho Zapatero a los fabricantes de proyectores 3d?

ANIMA LA FRATRICIDA
06/03/10

El mundo está loco, el físico y el virtual. La banalización de la tecnología y su conversión en materia de consumo de coste medio-bajo ha hecho que hasta la gente con menos cerebro accedan a ella. En Corea del Sur, una pareja (él 41 años, ella 25) dedicaba hasta doce horas al día en cuidar a su bebé virtual, de nombre Anima, en el juego Prius online. Hasta tal punto les fascinaba y absorbía esta tarea que olvidaron a su hijo real, al que alimentaban sólo una vez al día y que ha acabado muriendo. Tras esta atroz negligencia se dieron a la fuga, aunque fueron localizados por la policía en Suweon, al sur de Seúl. El portavoz policial Chung Jin-won explicó que la pareja "había perdido las ganas de vivir tras perder sus trabajos" y que el juego se volvió una manera de "escapar de la realidad",

Corea es el país con la banda ancha más rápida del mundo, y los juegos en red son considerados, casi, el deporte nacional, hasta tal punto que ha sido la sede de los Juegos Cibernéticos Mundiales.

LOS NUEVOS RECURSOS DEL VIEJO MERCADO (NOTREC)
09/03/10

Hoy he recibido un mensaje sms. Era publicidad de una empresa de venta al menor de textil para niños. La empresa está ubicada en mi localidad. De inmediato surge la pertinente pregunta: ¿cómo saben que este número de móvil entre los millones de abonados está en uso en la misma localidad en la que están ubicados?

Casualmente otra persona de mi entorno recibe un mail, en el correo de la empresa en la que trabaja, de una gran consultora ofreciendo la venta de bases de datos de terceros (no salgo de mi asombro).

Curiosamente esta persona dedicó varios años de su vida al trabajo de campo realizando estudios de mercado y otro tipo de encuestas. Justo la consultora que ofrece la fresca información de terceros dispone de unos filtros peculiares en las cuotas de sus encuestas.

Surge la pregunta lógica: Entre tanto estudio de mercado y tanta consultora capturando datos ¿no será para algunas la finalidad principal la captura de los mismos más que realizar ningún tipo de sondeo?

ESPAÑA CENSORA: LA SANTA INQUISICIÓN REMUEVE LAS ENTRAÑAS DEL CIBERESPACIO.
12/03/10

No se puede entender la sociedad red sin Google. Su holding es sin duda el alma de Internet por una sencilla razón: da a los clientes lo que estos necesitan (y encima gratis). Su éxito no pasa desapercibido ante otros grupos de opinión y es objeto de ataques a diario, ya sea desde otras empresas o desde gobierno.

Hemos hablado en este blog del caso de China o Italia, pero no hay que irse tan lejos: Google ha incluido a España en la lista países censores de la red. Y lo hizo ante el Congreso de Estados Unidos, en una vista oral en la Cámara de Representantes sobre democracia, seguridad y libertad de expresión en la red. Exagerando un rato, la vicepresidenta de Google comparó a España con otros países con censura sistemática y continuada, como China o Irán. Pero aunque pueda herir nuestro orgullo patrio, entramos en el club de China, India, Pakistán, Irán, Myanmar y Etiopía como país censor de blogs (ya saben, la máxima expresión de ciudadanía 2.0, donde cualquiera pueda expresar su opinión). Y todo ello por una rencilla interna. Así nos luce el pelo

INTERNET, INTIMIDAD Y RELACIONES HUMANAS (NOTREC). 14/03/10

De todos es conocida la noticia:
El Defensor del Menor crea en Tuenti un perfil falso para el control de la actividad de sus hijos.

En primer lugar habría que sustituir e término FALSO; en este tipo de casos, el perfil no es falso aunque no responda a la identidad del usuario y/o esta quedase indeterminada.

La respuesta de un portavoz de Tuenti ha sido un tanto absurda: Todos los perfiles en Tuenti responden a una identidad corroborada.

Llevaba tiempo queriendo tratar este tema. Son múltiples los problemas de seguridad en Internet y para muchos se disponen de infinidad de herramientas software o hardware con las que combatirlos.

El mayor problema surge, e irá en aumento, en lo referente a la privacidad. Como usuario siempre confié en el "autocontrol" que hacía de mis movimientos en Internet, de la información que depositaba y de las herramientas o internautas a los que cedía mi tiempo.

Tanto los usuarios expertos como los más noveles deberíamos tomar conciencia de que en ocasiones las cosas enfrente, en la pantalla, no son como esperamos o creemos. Sin demonizar en absoluto las relaciones humanas que se dan en la red (más bien todo lo contrario, siempre dije que Internet es el gran Faro) debemos invitar al uso responsable.

Bravo por aquellas redes sociales que imponen como condición indispensable el cotejo fehaciente de la identidad del usuario.

LA INTERNET NO PUEDE SER UNA COSA LIBRE
17/03/10

"La Internet no puede ser una cosa libre, donde se haga y se diga lo que sea", ha dicho el presidente venezolano Hugo Chávez en un acto del Partido Socialista Unido de Venezuela. Y tras soltar tal cacicada, se quedó tan pancho, amparándose en Ángela Merkel, que en febrero declaró que Internet "no es un espacio sin ley". Pero una cosa es que Ángela hable de perseguir los delitos dentro y fuera de la red (estafas, pornografía infantil...) y otra que muy diferente que Chávez arremeta con las páginas que están "envenenando la mente de mucha gente", con lo que sin duda está preparándose el terreno para arremeter contra todos aquel que le lleve la contraria.

Se vuelve a demostrar que el poder tiene miedo a Internet, y que va a hacer lo posible por limitarlo y censurarlo. Y no nos equivoquemos, hay actividades perjudiciales dentro y fuera de la red, por eso, los que velan por nuestra seguridad, deberían luchar contra esas maldades, y potenciar todo lo bueno que la red nos ha dado: facilidad de comunicación, posibilidad de organizarse, posibilidad de compartir información, fácil acceso a la cultura...

DUELO ITALIA-GOOGLE: UNA DE CAL Y OTRA DE ARENA
19/03/10

Si hace unos días hablábamos del sin sentido de un juzgado italiano a la hora de una condena a Google por alojar temporalmente un video en youtube mientras el autor del documento se quedaba de rositas, ahora tenemos una buena noticia procedente del país alpino.

El gobierno italiano ha firmado un acuerdo con Google por el que el creador de contenidos digitales escaneará un millón de libros libre de derechos, publicados entre 1700 y 1868 y los pondrá en GoogleBooks, una polémica herramienta que pone libros en pdf al alcance de todos los internautas, de manera gratuita. Así, los fondos de las bibliotecas de Roma y Florencia estarán en breve al alcance de todos, sin necesidad de consultarlos insitu. Buena noticia para la cultura: los originales, aunque parezca una paradoja, sufrirán menos manoseo y al mismo tiempo llegaran a más manos. Entre otros, disfrutaremos de textos de Kepler y Galileo Galilei. El ministro de Cultura italiano, Sandro Bondi, ha declarado a l'Espresso que "La biblioteca universal contada por Borges empieza a convertirse en realidad". Y es que el proyecto GoogleBook es una Biblioteca sin edificio, sin tala de árboles ni derroche de papel, sin desplazamiento de sus usuarios, abierta 24 horas al día y 365 días al año, es un sueño para la humanidad.

Indudablemente, Google no es una ONG, y como empresa tiene que generar beneficios a sus accionistas, por eso, este tipo de iniciativas que luchan por el fomento la cultura de base de los ciudadanos al tiempo que generan riqueza empresarial son encomiables.

Mientras tanto, en España, la SGAE trata de chupar de donde no ha puesto nada. Año tras año pretende robar a los ciudadanos de Zalamea por la representación y puesta en escena que desde 1994 hacen de la popular obra que Calderón de la Barca (1600-1681) escribió inspirándose en los hechos acaecidos en la localidad Extremeña. El alcalde de Zalamea narra el drama vivido en el pueblo al pasar las tropas españolas con motivo de la guerra de Portugal. ¿Pagaría Calderón al alcalde y al pueblo de Zalamea por utilizar su historia y su imagen? No sólo en representaciones populares se actúa con tanta inquina, los secuaces de Ramocín y Teddy Bautista también asaltan los colegios donde se realizan representaciones escolares. ¿Verán los herederos de Cervantes, Calderón o Lope de Vega algún dinero de esta recolecta? Lo más triste de este entramado que trata de exterminar la acciones culturales de base, es que viene patrocinado por el gobierno de España y su ministerio de cultura, y esto si que es una buena paradoja: meter en el mismo saco a los clásicos españoles y a los subproductos sociales paridos por operación triunfo y otros bodrios paralelos.

COMO EXPLICAR UN NACIMIENTO EN EL MUNDO DE LAS TIC
22/03/10

... las abejas, las flores, la semilla en la tierra, la cigüeña o los niños que vienen de París... todo eso esta desfasado
SEAMOS MODERNOS.

Un bonito día, un hijo le pregunta a su padre:
- Papa, como nací yo?
- Muy bien hijo, algún día debíamos hablar de esto y te voy a explicar lo que debes saber:
 Un día, Papa y Mama se conectaron al Facebook. Papa le mando a Mama un e-mail para vernos en un cybercafe. Descubrimos que teníamos muchas cosas en común y nos entendíamos muy bien. Papa y Mama decidimos entonces compartir nuestros archivos. Nos metimos disimuladamente en el W.C y Papa introdujo su Pendrive en el puerto USB de Mama. Cuando empezaron a descargarse los archivos nos dimos cuenta que no teníamos Firewall. Era ya muy tarde para cancelar la descarga e imposible de borrar los archivos. Así se introdujo el troyano , y a los nueve meses... apareció el VIRUS.

A lo que el virus añade: pues que sepas que por fallos del sistema vas a pasar de papiguai 2.1 a carroza3.0, y te vas a ir desactualizando hasta que llegues a asilo 6.6 en menos tiempo de lo que se formatea un disco duro. Te lo juro por el pingüino de Linux y por sangoogle.

DIOS ESTÁ EN TODAS PARTES (HASTA EN TUENTI)
25/03/10

La Iglesia condena los avances tecnológicos (hace dos post rememorábamos la experiencia de Galileo) pero no duda en manipularlos y aprovecharse de su imagen si ello le beneficia. En su última campaña contra el aborto, copia descaradamente la imagen de Tuenti, referente de la sociedad digital, en beneficio propio. La campaña es un tú en ti utiliza la imagen y el nombre de la comunidad virtual sin ningún tipo de escrúpulo. La tipografía y los colores son los mismos, y el nombre está contenido dentro del eslogan de la campaña de la conferencia episcopal, buscando aprovecharse del tirón que tuenti tiene entre los más jóvenes. Esperemos que las iglesias (todas) que tanto han luchado contra el progreso no contaminen el ciberespacio.

LEGISLANDO LA SOCIEDAD DIGITAL: RETROCEDIENDO DERECHOS.
28/03/10

Hasta ahora las sociedades democráticas occidentales habían venido gozando de un derecho fundamental: la presunción de inocencia. Esto se resumía en una frase que la gobiernos nunca habían mostrado por pudor democrático pero que el mundo del cine nos ha enseñado en innumerables ocasiones: todo el mundo es inocente hasta que se demuestre lo contrario. Pero esto no es para nada cierto: si tienes un negocio y pones la radio, si eres profesor y haces representaciones teatrales en clase o si tu pueblo hace una conmemoración histórica, unos tipos de la SGAE se arrimarán para sacar tajada. No es que en este blog estemos en contra de que cada cual se gane la vida lo mejor que pueda, sino que nos parece ruin que una sociedad de autores sin autoría trate de aprovecharse del trabajo de otros para que sus liberados vivan de lujo sin trabajar.

Recentrándonos en el tema, cualquier hijo de vecino que se sienta agredido u ofendido por un tercero tiene todo el derecho para acudir a un juzgado y denunciar a su presunto ofensor (a pesar de lo que digan los diez mandamientos, no estamos obligados a perdonar a nuestros ofensores) . Eso sí, el denunciante está obligado a presentar las pruebas que defiendan su tesis, y en caso contrario se puede enfrentar a una demanda por calumnias. Sin embargo la sgae goza de un extraño fuero que parece un privilegio medieval conservado desde tiempos inmemoriales: cuando ellos denuncian no tienen que demostrar nada, y es el acusado el que tiene que demostrar su inocencia.

Es decir, si eres denunciado por ramocín, él no tendrá que demostrar nada, su palabra irá a misa, mientras tú deberás estrujarte la sesera pare desmentir tal bellaquería, so pena de ser condenado a una fuerte multa, aunque estés disfrutando de una melodía   compuesta en tu tiempo de ocio e interpretada a la flauta por tu sobrino. Así nos va en esta quema de brujas del siglo XXI: todo aquel que disienta o que no disfrute con salsa rosa u otros gallineros al uso estará en el punto de mira de la sgae.

APAGÓN ANALÓGICO
30/03/10

Hoy a las 12:50, el repetidor de Montánchez ha dejado de emitir en analógico tras 50 años de servicio. "Extremadura se incorpora así a las ventajas que aporta y seguirá aportando la Televisión Digital a todos los ciudadanos", ha dicho la vicepresidenta Primera y portavoz de la Junta de Extremadura, Dolores Pallero. Casi 10 millones de euros ha costado a la región la migración a la señal digital. A esto hay que sumarle la compra, por parte del ciudadano, del decodificador o de una tele compatible con la nueva tecnología. A cambio, un motón de ventajas, nos dicen, y muchas cadenas. Lástima que hasta ahora no se note mucho: hemos ampliado el número de canales, pero no la calidad. Es decir, tenemos la misma mediocridad, pero aumentada. Ahora no será necesario esperar a la noche para ver el gran hermano, lo tenemos a full time. Tampoco esperaremos para ver las noticias que serán repetidas en bucle 24 horas al día. Ya somos digitalmente televisivos; esperemos que la fuerte inversión nos aporte algo más en un futuro y que las cadenas aporten su granito de arena para que el cambio se real y palpable.

E-ADMINISTRACIÓN - CARTAS DEL SINSENTIDO
05/04/10

Seguimos a vueltas con la e-adminstración. Hace un mes, comentaba el anacronismo que suponía que la Diputación de Badajoz exigiera una máquina de escribir mecánica en sus oposiciones administrativo.

Pues hoy toca el turno a la maquinaria administrativa de los institutos. Desde hace unos años venimos padeciendo la plataforma Rayuela. La idea es buena, con un usuario y una contraseña se accede a una infinidad de servicios, según el rol en la jerarquía: propaganda de la administración - equipo directivo - madre/padre - alumn@ - profesor@ (Nótese que profesor figura en último lugar, no es por mero azar).

Sin embargo, tras pasar lista a diario y anotar las faltas en la base de datos on-line, a principio de mes debemos realizar un recuento de faltas a mano, que se lleva no menos de una hora. Todo ello porque los programadores informáticos hacen una tabla con sumas por columnas en vez de por filas, que nos da las estadísticas por materia, y no por alumno, que es lo realmente operativo. Además, al hacer está tarea rutinaria de la que nos debería haber librado la máquina, nos damos cuenta de la poca usabilidad que presenta la aplicación que carece de todas las comodidades a las que las web comerciales han ido acostumbrándonos a lo largo de años, como hacer una búsqueda y después, con el botón derecho "abrir en una nueva pestaña" ir sacando la información sin perder la búsqueda inicial.

Eso sí, nos han puesto un centro de atención al usuario, un callcenter al uso al que le cuentas los que pasa, te dicen que sí, pero una vez que cuelgas quedan tu propuesta de mejora en el olvido.

IPAD: DESENTRAMADOS SUS SECRETOS
08/04/10

Apple es una marca con una imagen y una filosofía muy peculiar. Si el usuario de PC, y sobre todos los de Linux persiguen extraer toda la funcionalidad de su equipo, la marca de la manzana se dedica principalmente a ofrecer productos estandarizados, con una menor participación del usuario a la hora de personalizarlo. Sin embargo, estos bloqueos son un reto para algunos usuarios.

Un hacker del equipo Dev-Team (los primeros en desproteger el iPhone) ha conseguido acceder a las entrañas del Ipad a través de la técnica denominada 'jailbreak', consistente en acceder a los archivos y carpetas del iPad, lo que da el control sobre la máquina al usuario, pudiendo instalar aplicaciones de terceros no autorizadas por Apple y modificar las que ya están instaladas. Esto lo ha logrado en menos de 24 horas después de su lanzamiento.

Por otra parte, reflexionando sobre los números ofrecidos por Steve Jobs, consejero delegado de Apple, nos damos cuenta del engaño al que nos someten los medios cuando dicen que la piratería está matando a la cultura: en tan solo 24 horas, 300.000 unidades de iPad vendidas, 250.000 libros y un millón de aplicaciones descargados desde iTunes. El mercado no se muere, simplemente cambia de manos y hay que saber vender. El iPad no es el mejor de su categoría, ni el más barato, de los libros que se compran en iTunes en muchos casos se pueden encontrar versiones gratuitas (gratuitas y legales) en la red. Pero el mercado sigue activo, y Apple convierte en oro lo que toca.

DVD SIN V.O.
15/04/10

Aprovechando una estancia en París, este mes de abril escribiré el blog desde esta ciudad, armado de un mac y de un endemoniado teclado con las letras cambiadas.

Esta mañana he dado un paseo tempranero por el Virgin Megastore de Montparnasse, y me sorprendo al descubrir en las estanterías dos películas con los títulos en español: Sin nombre y La vida loca. Sin traducción, sin complejos. Doy la vuelta para leer la sinopsis y me agrada ver que la película está traducida al francés y tiene la versión original en español (no ponen castellano, sino español, no siguiendo el juego de lo políticamente correcto y las disputas estériles que tenemos en nuestro solar patrio). ¿Por qué me alegra? Últimamente en nuestro país se están recortando las funciones de los dvd, y algunos no traen la v.o. (a menos que sea en inglés), sino que vienen en castellano, catalán y vasco. Con todos mis respetos y sin acritud, como profesor de lengua extranjera que soy, me gusta ver las películas en v.o. y ponerlas en clase. Lo siento, no quiero ver Amelie en Catalán ni en vasco, sino en su idioma original, y no compro dvds sin v.o.

E-ADMINISTRACIÓN - CARTAS DEL SINSENTIDO II
20/04/10

Hoy es el último día para entregar las instancias para la oposición de profesores de secundaria en Extremadura. Junto a la instancia se entrega el resguardo del pago de derechos de examen y fotocopia simple de los méritos alegados. En mi caso, 200 folios en A4. Pero ahí no queda la cosa, ya que en caso de aprobar (al menos el 35% de los presentados, por pura estadística) se ha de presentar los mismos papeles otra vez. A su vez, esto papeles se han presentado anteriormente -mes de febrero- para formar las listas de interinos.

¿Echamos cuentas? 600 folios por opositor, por 10.000 opositores ¿cuántos kilos de papel? ¿Cuántos árboles talados inútilmente? ¿Cuánto tóner altamente contaminante? Y todo esto cada dos años ¿No se podría crear un registro con los datos presentados para no tener que repetir la hazaña una y otra vez?

LA IGLESIA SE DIGITALIZA
22/04/10

La iglesia no ve Internet con buenos ojos, igual que no veía a Galileo, pero esta vez no tiene el poder para llevar a nadie a la hoguera como hacía antaño. Sólo puede condenar su uso y pedir a sus fieles que no se dejen tentar por esta nueva herramienta del diablo.

Sin embargo, hay sectores menos retrógrados que ven en la red una aliada. La hermandad de monjes de Sainte Marie de la Garde, cerca de Agen (a medio camino entre Bordeaux et Toulouse), han puesto en la red una iniciativa de lo más curiosa: desde jeconstruisunmonastere.com solicitan fondos para restaurar su monasterio. A cambio ofrecen ayuda espiritual, y hasta permiten descargar sus widget para poder rezar los salmos con estos cibermonjes: no hay excusa para no ir al cielo, y ahora hasta se puede solicitar on-line.

¿DERECHOS DE QUÉ AUTOR?
26/04/10

En les Halles, una mastodóntica estación de metro y centro neurálgico de la ciudad nos encontramos un espacio tremendo para hacer sociología urbana.

Entre los grupos de usuarios más extravagantes de esta tarde, me he encontrado a dos africanos percusionistas y un europeo trompetista, que, de manera espontánea, se han puesto a improvisar ritmos y a regalar su creación a los presentes. A cambio, esperarían la voluntad de los que por allí pasaban y disfrutaron de su música.

Si un "creador" pasa por allí y toma prestada la melodía y la enlata en un cd ¿para quién sería el canon? ¿Podría el autor del enlatamiento apropiarse de esa obra?

El respeto se gana dando conciertos, y no lloriqueando desde los despachos.

FORMATOS PERECEDEROS
01/05/10

Hace tiempo nos debatíamos si eran mejor las cintas de cassette o los discos de vinilo. De repente nos los quitaron del mercado. Vino el dvd, y recompramos de nuevo los derechos para poder escuchar las canciones y pagamos un formato mucho más caro. Porque si teníamos un disco X (por el que pagamos la propiedad intelectual y el soporte físico) después tuvimos que comprar el CD, y pagar de nuevo la misma propiedad intelectual y un nuevo soporte. Después resulta que el cd iba a morir prematuramente, y pretendían que por tercera vez pagáramos por un fichero digital, que no tenía ningún coste de producción, pero por el que se nos volvía a exigir un nuevo pago en concepto de autoría.

Algo parecido hacían con los lanzamientos. Sacaban un disco con diez canciones, uno para el público americano con 12, uno para el mercado japonés con 3 inéditas... aniquilando y fusilando de esta manera las esperanzas de los fans

Con la imagen pasó igual que con el sonido: el vídeo2000 pasó sin pena ni gloria. El beta también murió prematuramente para dar paso al vhs que poco aportaba respecto a su predecesor. Para recuperar las videotecas hubo que recomprar todo en dvd, de nuevo más caro, pero con más calidad y funciones extras. Pero la industria vuelve a sacar un nuevo juguete, el BlueRay, y de nuevo hay que rascarse el bolsillo. Pero este tampoco va a ser el definitivo.

Moraleja: durante años distribuidoras se ha hiperlucrado inmoralmente. Ahora la tecnología pone en nuestros hogares la revancha.

Moraleja 2: Cuando las industrias abusaban, el poder no decía nada, pero ahora que el usuario se defiende, es acusado de ladrón y se le persigue.

Moraleja 3: El conocimiento no es delito. No te sientas culpable por ver una película en internet o compartir un disco. No por ello eres un ladrón. Si alguien tiene una manzana y se la quitamos, se queda con cero manzanas, si alguien tiene una canción y la escuchamos, él sigue teniendo su canción.

EL TELÉFONO QUE SABÍA DEMASIADO
05/05/10

Con la geolocalización, si llevamos nuestro móvil encima es bastante sencillo localizarnos. De hecho hay empresas que venden ya este servicio. Pero en relativamente poco tiempo servirá para sacar perfiles de cada uno de los usuarios y controlar cómo somos. En estos tiempos en que nos venden la importancia de la privacidad, noticias como esta resultan una paradoja: un equipo especializado en inteligencia artificial dirigidos por el profesor Tony Jebara, de la Universidad de Columbia (Nueva York), está poniendo a punto un sistema que permite obtener estos perfiles registrando los movimientos cotidianos del usuario, sin preguntar nada. Todos seremos cómplices de esta intromisión por el sólo hecho de utilizar un teléfono móvil. Tras un tiempo de registro de movimientos, el sistema sabrá si el usuario es hombre o mujer, joven o mayor, rico o pobre, gastoso o economizador...Y como podrán deducir, no se hace ciencia por amor al arte, y la i+d no es gratuita. Para monetizar esta inversión, el equipo ha creado una star-up que ha recibido el nombre de Sense Networks, y que cuenta ya con una quincena de trabajadores repartidos entre NY y California. Anand Venkatamaran, director técnico de Sense declara que "han logrado crear una plataforma "agnóstica", capaza de digerir cualquier tipo de información".

El sistema será capaz de informar de hábitos alimentarios, hobbies, lugares favoritos y hasta de si el usuario es fiel a sus marcas o le gustan varias. Con estos datos, si el usuario hace una búsqueda en Google, el sistema podrá colocar la publicad que más se adapte a su perfil. Si un usuario coge un medio de transporte todas las mañanas, se le podrá ofrecer un entretenimiento adaptado justo a la duración del trayecto. Pero esto está aún empezando, y a buen seguro en muy poco tiempo habrá muchas más aplicaciones que se beneficiarán de este sistema que nos hará más predecibles y nos incitará a consumir más. Lo más triste, que cuanto más humana sean las máquina, más mecánicos seremos los humanos.

EUROPA BLINDA SUS WI-FIS
11/05/10

Los usuarios de adsl en Alemania tienen que ponerse las pilas. La Corte Federal Alemana, la más alta jurisdicción del país ha instado a los internautas alemanes a proteger sus redes con claves de acceso, bajo pena de multas de hasta cien euros. Esta polémica decisión ha surgido tras la denuncia de un músico contra un internauta, al que acusaba de haber descargado y posteriormente compartido su obra. El internauta demostró estar fuera del domicilio cuando se produjeron los hechos, pero el tribunal lo ha considerado parcialmente responsable por no haber protegido su conexión wifi. En Francia, si la controvertida ley Hadopi entra en funcionamiento, arrastrará las mismas consecuencias.

Tras estos tristes acontecimientos cabe preguntarnos qué pasaría si, a pesar de tener protegida nuestra red con una clave de acceso, un vecino saltará la contraseña y utilizará nuestra red sin nuestro permiso y sin que nos diéramos cuenta. Los jueces, en su afán de querer dominar todo parecen no saber lo fácil que es saltar una wi-fi ¿no serían más culpables las telefónicas que entregan sus routers sin seguridad ni un manual que informe de cómo proteger estas redes? Por otra parte, comprar una adsl es tan fácil como comprar un kilo de arroz. En los supermercados venden esos utópicos kits-adsl autoinstalables de pincha y navega como si fueran churros ¿no sería poco ético permitir la venta de un producto para usuarios avanzados como si de un paquete de galletas se tratara? Y una última cuestión: en nuestras ciudades, como forma de alfabetizar tecnológicamente a la ciudadanía, cada vez hay más zonas wifis y zonas de redes abiertas (bibliotecas, parques, universidades, centros comerciales...) ¿Quién será el culpable de las descargas ilegales en estos espacios?

¿SE PUEDE FAVORECER EL COMPROMISO CIUDADANO DESDE LA RED?
15/05/10

¿Se puede favorecer el compromiso ciudadano desde la red? Esta es la pregunta que se han hecho estos días en la conferencia Lift 2010.

Rahaf Harfoush, responsable de estrategia de redes sociales en Word Economic Forum (y participante en la e-campaña de Obama) desgranaba las siguientes cuestiones ¿Cómo las redes sociales transforman nuestra interacción con el mundo político? ¿Tiene Internet impacto sobre la manera en la que los ciudadanos pueden influir en la política?

My.barakobama.com, la red social creada para los seguidores del presidente norteamericano ha sido capaz de generar este impacto, permitiendo a los fans del político seguir sus movimientos de una manera efectiva, rápida y económica. Dos millones de   perfiles, 35.000 grupos de voluntarios, 200.000 eventos... cifras que muestran como las relaciones político-ciudadano están cambiando en este nuevo paradigma digital que se abre ante nuestros ojos ¿Más números? 3,2 millones de amigos en Facebook frente a 620.000 de McCain, 20 millones de visualizaciones en YouTube frente a los 2 millones del republicano. Según Rahaf, "creando estas relaciones, la idea fundamental de la organización de la campaña era transformar estos simpatizantes en militantes reales, sobre todo a la hora de hacer donaciones. Así mientras McCain recogió 360 millones de dólares, Obama consiguió 720. La campaña ha cambiado la percepción del entorno político. Fue una campaña con la gente más que una campaña para la gente"

Y estamos empezando, a medida que las nuevas tecnologías se hagan más familiares, iremos conociendo una nueva dimensión no sólo de la política, sino de cómo nos la venden. Desgraciadamente en España estamos aún en pañales, y nos toca espera (como de costumbre)

JUGANDO A SER DIO(SES)
22/05/10

En estos días ha salido en prensa la noticia de un toro clonado. No es una novedad, pues ya hace algunos años que la oveja Dolly acaparó el "privilegio" de ser el primer mamífero generado con esta técnica. Los avances científicos en los últimos años han sido espectaculares, y seguro que en laboratorios clandestinos y clandestinamente en laboratorios oficiales, se ha ido mucho más allá en la investigación genética, ya que si se puede clonar un toro ¿no van a ser capaces de clonar un humano?

La iglesia, como siempre, enemiga de la ciencia y el conocimiento libre, se ha escandalizado y ha recordado a los científicos que no se puede jugar a ser dios. Los señores de la sotana están a dios rogando, pero con el mazo dando: ellos juegan a ser políticos, moralistas, sociólogos, gobernadores... sin ser ni su función ni estar preparados ni legitimados, y no pasa nada.

Durante siglos impusieron la fe y LA VERDAD de la mano de dictadores, ejércitos y tiranos. Y ahora que no disponen de autos de fe, inquisición ni hoguera se dan cuenta de que van perdiendo sus argumentos por anacrónicos sin que puedan hacer nada para salvar su decadencia.

Por su parte, y en modesta respuesta a la jerarquía vaticana, la ciencia no juega a ser dios, sino a conocer la verdad. El eterno debate ciencia frente a religión está fuera de lugar, porque la ciencia busca saber y la religión exigen tener fe, sin poder contrastar. En palabras de Punset, cuanto más grande es la ciencia, más pequeñito se hace dios.

COTILLEOS ON-LINE
24/05/10

La empresa francesa Alten ha despedido a tres empleadas que había ironizado en Facebook sobre la idoneidad de sus jefes, a los que incluían en el hipotético "club de los nefastos". Aunque los hechos se produjeron en diciembre de 2008, en horario extralaboral, en estos días se está celebrando el juicio. Por una parte, la empresa argumenta que las empleadas incitaban a la rebelión y a la denigración. Por la otra, las empleadas y su defensa defienden que fue una conversación privada como si la hubieran mantenido en un bar o en sus casas, y que no supone perjuicio para la empresa, según informa France Info.

Sea como fuere, lo que nos atañe es el choque de paradigma analógico-digital, y no las decisiones legales. Las tres empleadas no han sido conscientes de que a pesar de la importancia de la presencia en la red, la medidas de privacidad no se activan de la misma manera que en la vida real. En una conversación oral, las palabras se las lleva el viento, y el "amigo" delator no contaría con pruebas de su acusación. Sin embargo, dejar un mensaje en el muro de facebook, lo coloca en un dominio público más o menos extenso, por lo que debemos tener muy en cuenta qué contamos, cómo lo contamos, dónde lo colocamos y quién lo va a leer.

La red, como nuevo escenario social cuenta con unas reglas propias, que debemos tener en cuenta para desplazarnos con seguridad. Pero a parte de estas normas conductuales del ciberespacio, no debemos abandonar nunca nuestro sentido común, que funciona dentro y fuera de la red.

JUECES 0.0 EN LA SOCIEDAD 2.0
27/05/10

Se acaba de celebrar en Cáceres un juicio contra una tienda de informática que, en febrero de 2005, cedió a los deseos de un "comprador misterioso" y le vendió una cpu en la que instaló copias no originales de Windows Xp y Office 2000. El comprador, un detective contratado por Microsoft, pidió que le enviasen el equipo a una dirección que resultó ser el despacho de un notario que debía dar fe de lo que venía en la caja. Y así lo hicieron, pero lo que el notario pudo ver a continuación es como personal de Microsoft abrió la caja, conectó monitor, ratón y teclado y al iniciar el equipo, efectivamente estaba instalado el sistema operativo y la suite ofimática. El juez considera que durante esta manipulación pudo haber sido instalado el software en cuestión (sin mala fe, eso sí). Ante la indecisión de la sentencia, se recurre a la tautología dialéctica: «no se puede afirmar, ni mucho menos que esto haya ocurrido, pero tampoco puede afirmarse lo contrario».

Ante esta resolución, cuando menos cómica (instalar un s.o. y el office no es cuestión de un par de minutos) cabe preguntarse ¿por qué no se cuenta en los juzgados con especialistas en informática que puedan dar un poco de solidez y seriedad a este tipo de sentencias? La tecnología nos rodea y no podemos escapar a su influencia. En cualquier profesión es necesaria una mínima alfabetización digital para no quedar fuera de juego, pero si un juez debe jugar un delito tecnológico, debe dominar aquello de lo que habla. De lo contrario, los representantes del poder judicial se arriesgan a hacer declaraciones poco menos que ridículas.

EL SOLDADO DEL FUTURO LLEGA HOY
30/05/10

En el día de las fuerzas armadas, que este año se celebra en Badajoz, se presentará el cibersoldado, el militar que comenzará a operar en junio de 2011. En el Mando de Adiestramiento y Doctrina (Madoc) del Ejército, en Granada, es donde se ha trabajado este programa de I+D+i del Ministerio de Defensa, que ha sido desarrollado por un grupo de empresas españolas, y que arrancó hace 10 años.

En lo que a nuevas tecnologías corresponde, el cibersoldado estará equipado con conexión a través de Internet, enlace inalámbrico con el pelotón, visores para poder actuar de día y de noche y sensores para poder informar del estado de salud del combatiente. Según el Ministerio de Defensa, las diferencias entre el soldado de la II guerra mundial y el actual serán menores que las que habrá entre el soldado actual y el soldado del futuro que ahora se presenta

Las guerras cada vez parecerán más un videojuego, donde los mandos militares gestionarán sus tropas con una pantalla y un ratón. ¿Aspectos negativos en el combate? Al aumentar las distancias en la cadena de mando, la deshumanización hará que el soldado base sea aún más un número, una X en la pantalla; y la población civil, casi invisible.

¿Aspectos negativos en época de paz? Los gobiernos, que utilizan todos sus recursos para limitar el uso de Internet y otras tecnologías en beneficio de y por sus propios ciudadanos, no escatiman a la hora de investigar armas de control masivo: 26 millones de €uros en I+D, todo lo que se les niega a laboratorios y universidades (con la consiguiente fuga de cerebros). Todos los países del tercer mundo tienen ejércitos muy desarrollados, y no por eso salen de la pobreza: les falla el tejido cultural, sanitario e industrial. Hay que cambiar las inversiones.

ENREDANDO A SARKO
03/06/10

El presidente francés no está muy contento con Internet. Hace unos años comenzó a legislar contra el p2p y la libertad en la red y lo plasmó en la controvertida ley Hadopi. Ahora pretende que youtube retire unos videos en los que madame Sarkozy hace una aparición en televisión en la que da consejos para conseguir ligar en diferentes idiomas. En el video, Carla habla de sexo con desparpajo en varias lenguas. Por ejemplo, en español aconseja utilizar la expresión "¿te gustan mis domingas"? para seducir -de manera poco sutil y refinada - a un posible ligue.

El motivo de comentar esta noticia en este foro no es por el hecho en sí de la actividad sexual de Carla Bruni, sino por el hecho de que Sarkozy ha utilizado los recursos de todos los ciudadanos, desviándolos de la meta para la que fueron creados, para satisfacer un asunto plenamente privado.

Durante su legislatura, el jefe del Eliseo ha luchado y ha ido acumulando herramientas para poder manipular Internet, poniendo como excusa hacer una red más segura, democrática y, sobre todo poner trabas a los piratas.

Pero este entramado no se ha utilizado para ninguna de esas funciones, sino para perseguir un video, que si no hubiera sido por esta polémica, hubiera pasado desapercibido. Y lo triste tras esta noticia, es comprobar que en nombre de la seguridad, de los derechos de autor y de la privacidad, los gobiernos están consiguiendo un peligroso control sobre la red, y visto lo visto esto últimos días, ese poder podrá ser utilizado de manera aleatoria cuando a un miembro del gobierno le venga en gana. Ahora ha sido un video de Carla, mañana podrá ser una opinión opuesta, un blog, o un periódico que intente no bailar al son del presidente de turno.

EL OLVIDO DIGITAL
06/06/10

El gobierno de Sarkozy nos da una cal y otra de arena. Si hace unos días veíamos como se regalaba su alter ego con la supresión en la red de un video de su señora, ahora, de la mano Nathalie Kosciusko-Morizetar, secretaria de estado de la Economía Digital, está tratando de defender la opción de que aquellos usuarios que lo deseen puedan borrar sus datos de la red, en especial de las comunidades virtuales y más concretamente de Facebook. Hasta ahora, aunque el usuario se diera de baja, no era garantía para que sus fotos y sus datos desaparecieran automáticamente, sino que permanecían en los servidores y eran fácilmente accesibles.

Medios críticos franceses ha manifestado que ya existe legislación al respecto, y que es cuestión de aplicarla. Sin embargo, teniendo en cuenta que la mayoría de estas empresas tienen sede en Estados Unidos ¿serviría de algo la propuesta francesa?

¿QUÉ DISTANCIA SEPARA EEUU DE ESPAÑA?
12/06/10

El curso se acaba, y la auxiliar de conversación que ha estado este año en el instituto, ha vuelto a su casa. Más de diez mil kilómetros, varias horas de vuelo y como poco una escala separan Atlanta de Extremadura. Inicialmente España atrae al visitante extranjero: jamón, buen vino y mucha fiesta. Pero poco a poco el mito del buen salvaje y del bon vivant comienza a tambalearse. De ella aprendimos que EEUU es algo más que un templo del consumo y una fábrica de marines, algo más que McDonals y Starbucks.

Por sus quejas dedujimos que lo que para ellos es cotidiano, para nosotros es casi un lujo, que sus comunicaciones y sus accesos a Internet son un bien de primera necesidad y no un producto prohibido como en nuestro país. Que nuestras compañías de móviles, sin excepción, nos roban sin inmutarse y que las tarifas de telefonía fija son un timo. ¿Qué distancia separa EEUU de España? Los 10.000 km físicos no son nada comparados con el retraso digital, casi un socavón, entre los países anclados en el inmovilismo y los que han comprendido no ya que Internet es el futuro, sino que, al menos, no hay futuro sin Internet.

EL SOCAVÓN DIGITAL
16/06/10

Se habla mucho de la brecha digital entre países. Pero más que brecha, podríamos hablar incluso de socavón, por sus dimensiones y por su difícil solución. Porque solucionar el problema no es cuestión de echarle ganas, sino de superar la usura empresarial, respaldada por el estado. Como hemos introducido en la entrada anterior, las diferencias entre nuestro país y EE.UU, son abismales en muchos aspectos, y mucho más en esto de la sociedad de la información. Pero no hay que irse tan lejos: los países de nuestro entorno nos superan con diferencia. No vamos a recurrir a lo fácil, como sería tirar del ejemplo francés, sino que nos vamos a quedar en Portugal. Nuestros políticos y nuestro aparato mediático gustan mucho de poner al país luso como ejemplo del camino que no debemos seguir. Pero a pesar de su economía modesta y su industria más limitada, hace años que ofrecen adsl 2+ de 24mb, en los tiempos en que a Badajoz era imposible conseguir más de 6mb. Su cobertura 3G también es mucho más amplia que la nuestra.

Por eso, más que invertir en planes de alfabetización tecnológica para sedentarizar abuelitos y que cambien paseo y petanca por una cuenta de facebook, se debería promover una política de digitalización completa, no parches y subvenciones, sino dotar al país de una infraestructura digital de primer orden, de ofrecer adsl a precio razonable y con una calidad, como mínimo, equiparable a la de nuestros vecinos, de permitir un sistema de comunicaciones fiable y económico. Quizá con un paquete de medidas de este tipo, podríamos avanzar en una línea más moderna y más competitiva, dejando de mirar al pasado y a modelos económicos que ya no volverán.

Rentabilizando el 2.0
09/06/10

A principios de este curso académico que ya termina, en septiembre de 2009, la consejería de educación anunció a bombo y platillo un alegre reparto de portátiles entre docentes y discentes.

Consiguió plenamente su objetivo: captar la atención de los medios (a priori subvencionados e imparciales).
La noticia fue recibida de diferente manera, según quién la leyera: por una parte sirvió para aumentar el descrédito social del profesorado (¡cómo le van a regalar un ordenador! ¡con el

sueldazo que tienen!). Por otra un globo sonda sobre los recortes que se avecinarían meses más tarde (¡cómo los van a pagar!¡con lo mal que están las cosas!) y por otra un nuevo enfrentamiento entre enseñanza pública y concertada. Además, los alumnos se emocionaron por su nuevo juguete.

El curso ha terminado, el alumnado nunca disfrutó de su preciado regalo y lo profesores devolveremos los portátiles – no fueron un regalo, sino una herramienta de trabajo cedida- que hemos infrautilizado (no tiene sentido, ya que en clase teníamos que seguir utilizando los que teníamos por falta de interoperatividad entre dos arquitecturas diferentes).

De nuevo la apuesta queda en aguas de borrajas, en un programa abortado, que sólo respondía a intereses políticos: no había criterios pedagógicos (nunca se preguntó a educadores si era un proyecto necesario, viable o deseado), no había criterios técnicos (los institutos no estaban ni están preparados para soportar 500 portátiles tirando de una wifi inexistente) y no había criterios de viabilidad económica (¿para qué gastar dinero en un proyecto que no se iba a completar por falta de presupuesto?). Sin embargo ahí quedó la foto de lo que se iba hacer y no se hizo. Este otoño, de nuevo, saldrá otra historia que no se cumplirá, volverán a decir que somos referentes en educación digital, punteros en introducir tecnología en el aula, pero eso sólo ocurre en sus sueños y en las noticias de la prensa sumisa al poder.

La huella tecnológica
23/06/10

Cada día, vemos la presentación de nuevos juguetitos tecnológicos en nuestros templos de consumo y en prensa. Occidente consume aparatejos que caducan a un ritmo endemoniado, empujando de nuevo a sus usuarios a ir a por más y más: móviles, televisores, ordenadores y componentes, equipos de sonido, televisores, cámaras de fotos... Una espiral de consumo sin final, sin una mejora clara en la vida de los usuarios, ocupa nuestro día a día y se establece como una rutina más, automática, vacía, irreflexiva, a veces compulsiva. Sin diferencias de sexo, culturales o de edad, somos víctimas y victimarios de esta carrera sin piedad. Tener el último gadget nos convierte en la persona más in de la oficina, o en el tío más chulo de la clase.

Sin embargo, en este sueño opulento y autocomplaciente que vive el mundo occidental, pocas veces nos hemos preguntado de dónde vienen antes de adquirirlos, y a dónde van después de infrautilizarlos. En los siguientes post vamos a ir viendo algunos de estos planteamientos.

¿QUIÉNES SOMOS..
27/06/10

Apple, creador del tecnoglamour, es una empresa norteamericana, afincada en la próspera California, donde diseña sus productos. Pero sus productos son fabricados en lugar menos glamuroso: en la ciudad china de Shenzhen, a 40 km de Hong Kong y conocida como la Silicon Valley china. Allí, la empresa Foxconn mantiene una fábrica-ciudad donde comen (poco), duermen (menos todavía) y trabajan (mucho) 420.000 de los 800.000 empleados que tiene la empresa en china. Fabrican desde videoconsolas a móviles o portátiles, y no sólo para Apple; también para marcas como Nokia, HP o Dell.

¿Trabajo mileurista? Algo más, pero al año, ya que la nómina venía siendo de 100 €uros mensuales. Para Terry Gou, el presidente, el beneficio de la empresa debe ser más importante que el beneficio del trabajador. Un líder debe tener el coraje de ser un dictador por el bien común. ¿Aterrados por las declaraciones? Así debieron sentirse la decena de trabajadores, de entre 18 y 24 años, que se han suicidado en los últimos días.

Como respuesta a estos hechos (y porque la noticia ha sido capaz de sobrepasar la censura China y trascender a los mercados occidentales, lugar de residencias de los compungidos consumidores), Terry ha accedido a aumentar el sueldo un 33% y afirma que contratará 2.000 psicólogos para ayudar a sus empleados.

La pregunta que podemos extraer es si somos conscientes en occidente de lo que para nosotros es un gesto aparentemente inocuo (coger el producto de la estantería, sacar la tarjeta de crédito, tirar el antiguo aparato a la basura) genera muertes humanas en otros lugares del mundo. Este mal no sólo afecta a la industria tecnológica: también a las zapatillas deportivas, vehículos, hidrocarburos, minerales, alfombras de lujo...

Y la pregunta sobre la que podemos reflexionar es ¿Qué podemos hacer los consumidores para evitar estas injusticias? ¿Quién es el culpable de esta situación? Aunque a veces se destape una cuestión de fondo mucho más a vergonzante ¿Es esta actitud consecuencia de la abolición de la esclavitud en el mundo "civilizado"? ¿Realmente nos importa el sufrimiento de los otros si ello no nos afecta directamente?

...DE DÓNDE VENIMOS...
30/06/10

California diseña, China fabrica..., pero hace falta materia prima, para que la magia llene nuestros gadgets, y esa magia la aporta el coltán, un mineral no muy extendido en el planeta. El nombre procede de la abreviatura de columbita y tantalita, De él se saca el tantalio, indispensable en la fabricación de condensadores electrolíticos de tantalio. Es necesario en casi la totalidad de dispositivos electrónicos: teléfonos móviles, GPS, satélites artificiales, armas teledirigidas, televisores de plasma, videoconsolas, ordenadores portátiles, PDA, MP3, MP4... Los dispositivos electrónicos pueden funcionar con condensadores electrolíticos normales, pero los de tantalio son mucho más pequeños. La carrera de la miniaturización de dispositivos es lo que ha disparado su cotización.

El 80% de su producción de este mineral -y las mayores reservas- están en la República Democrática del Congo (antiguo Zaire). A pesar de su paradójico nombre, este país sufrió una devastadora colonización por parte de Bélgica y no quedó en muy buena situación tras su descolonización. Ruanda y Uganda también aprovechan el descontrol para robar el preciado material y venderlo a occidente. El conflicto de intereses ha provocado ya varios millones de muertos, en parte por culpa de la falta de escrúpulos de los compradores occidentales, que no dudan en ahorrarse unos céntimos, aunque sea a costa de vidas humanas (de igual manera ocurre con el oro y los diamantes). Otra vez, tal como ocurría en el sudeste asiático, el festín occidental tiene consecuencias trágicas.

...HACIA DÓNDE VAMOS?
03/07/10

¿Qué hacemos con el móvil viejo? ¿Y con la tele antigua ahora que me he comprado el lcd? ¿Qué hago con la torre y el monitor de mi antiguo PC? El consumo compulsivo tiene una factura ecológica impagable. No existe reciclaje en estos materiales, y ese coltán, materia prima de los de condensadores electrolíticos de tantalio teñidos de sangre africana, y esos aparatejos ensamblados por los esclavos chinos del siglo XXI, acaba pocos meses después de su compra en vertederos comunes, sin opción ni intención de una segunda vida. La chatarra electrónica o basura tecnológica es un residuo peligroso, provenientes de ordenadores, móviles, televisores... La recuperación de los elementos que contiene justificaría el reciclado de muchos de sus componentes, como el cobre. Pero su tratamiento inadecuado ocasiona graves consecuencias para el medio ambiente. Y si los países occidentales tienen una política restrictiva al respecto, muchas veces los residuos regresan a países del tercer mundo, con políticas medioambientales menos rigurosas. Plomo, estaño, cobre, níquel, cadmio, trióxido de antimonio, germanio, azufre o selenio contaminan tierras y acuíferos, poniendo en peligro de todos los seres vivos.

El ciclo es perverso, y se eternizan los problemas: más extracción de materias primas, más muertes y explotación, más generación de residuos peligrosos, ya así una y otra vez, caminando hacia un mundo cada vez más humanizado en capa digital, pero más cruel en capa física.

¿CUÁNTO VALE? ¿CUÁNTO CUESTA? ¿CUÁNTO PAGARÍAS?
06/07/10

En nuestros días, el precio del producto no es el coste de fabricación más un beneficio estipulado sobre el mismo. El precio lo marca el estudio del mercado, y averiguar cuánto estaría dispuesto a pagar el consumidor por este servicio. Inicialmente los sms iban a ser gratuitos, por ser un servicio residual de la banda de comunicación. Sin embargo, las operadoras vieron rápido el filón, y comenzaron a cobrar por ellos. De un producto de desecho, la industria obtuvo un beneficio muy lucrativo, con un público inicialmente reducido, pero que cada vez se ha ido ampliando más.

Volviendo al tema tratado en los últimos post: si Apple o Nokia desarrollan su nuevo gadget, y calculan su coste -pongamos 25 euros si se fabrica en China o 50 euros si se fabrica en Europa- y un 80 % de los potenciales clientes han afirmado estar dispuestos a pagar 400euros y un 75% ha afirmado estar dispuestos a pagar 600euros, la campaña de marketing ofrecerá un producto "básico" por 499euros, y diferentes versiones mejoradas en precios escalados y gradualmente superiores. Las mejoras podrán ser nimias, incluso inexistentes (serie limitada en color pistacho, o con la pegatina

GOOL si es época de mundiales), pero si hay consumidores dispuestos a pagar más, la industria estará dispuesta a recoger más.

Por otra parte, y sin ese patriotismo al que los gobiernos recurrirán para justificar invadir militarmente países que no entren en el abusivo juego mercantilista, la industria elegirá producir en oriente. Incluso si los costes de producción y distribución no van más allá de la décima parte del precio final. Por sólo 25 euros de abaratamiento en cada 500 de ventas, por una ganancia extra de un mísero 5%. Aunque para ello sea necesario hacer trabajar en régimen de esclavitud a seres humanos. A fin de cuentas, la empresa que diseña - Apple, Nokia...- se desentiende, ya que el fabricante es subcontratado con lo que la imagen de la marca no se ve dañada.

Por cierto, la externalización no es exclusiva de otros países ¿Cuánto pagará el Corte Inglés por cada traje Emidio Tucci confeccionado en Marruecos? ¿De dónde ha salido la fortuna más grande de España (Inditex)? ¿No sería más beneficioso para el conjunto de la economía nacional que se confeccionará en España?

Los gobiernos ocultan estos datos para proteger a los que les financian, pero cerrar los ojos está dando alas a las empresas para seguir haciendo lo mismo, para inventarse crisis, para abaratar los despidos, para justificar ERE's, para seguir recortando derechos. El camino está claro, que las clases medias desaparezcan y crear un mundo globalizado a imagen y semejanza de Foxcoon, pero ¿Qué pasará cuando todos trabajemos 16 horas al días por 100euros de sueldo? ¿Quién les comprará sus productos? ¿Se extinguirá el sueño digital? ¿Cuál es su objetivo final?

TODO SE COMPRA POR INTERNET, ¿HASTA LA SENSATEZ?
09/07/10

Casi todo se puede encontrar en la red ¿El primer single de los Periquitos de Villaverdejos de Arriba? No hay problema ¿Una foto autografiada por el célebre actor Pepito Piscinas? Seguro que la localizas rápido. Ebay llegó a subastar hasta citas con famosas actrices. Ya sea en Ebay, MercadoLibre o en los millones de tiendas que tienen su espacio en la red, localizar un producto, por más exótico que sea, adquirirlo on-line con escasos clics de ratón y recibirlo en casa al cabo de unos días es un juego de niños.

Roy Dixon, un británico de 45 años, consciente del poder de Internet, compró un equipo de parapente en Ebay por 300 libras, y, dispuesto a seguir alimentando la autosuficiencia que le generó su compra digital, visualizó unos videos didácticos sobre vuelo en youtube. Creyéndose el heredero del saber de los hermanos Wright, o un Ícaro del siglo XXI, se lanzó al vuelo. Pero no fueron suficientes sus conocimientos autodidactas, cayendo desde una altura de 12 metros en su primer vuelo, lo que le ha ocasionado la fractura de dos vértebras.

El producto no falló, era de buena calidad, sin embargo la falta de sensatez del cibernauta hizo que se aventurara en una aventura para la que no estaba preparado. Llega a ocurrir en España, y el iluminado piloto hubiera sido contratado para comentarista de un programa de cotilleos, donde se encontraría a personajes con el mismo número de neuronas que él. Parece que el sentido común no se puede comprar, ni en Internet ni en la tienda de la esquina.

MENORES EN RED (I)
12/07/10

En abril de este año, por petición de la Agencia Nacional de Protección de Datos, a los menores de 14 años se le prohibía la pertenencia a redes sociales. Según Fernando Múgica, Defensor del Pueblo, en tan sólo tres días se cancelaron miles de cuentas. A los usuarios se le exigía demostrar, con su D.N.I, que superaban esa edad en un plazo de 92 horas: si no lo hacían, sus cuentas eran igualmente borradas (nueve de cada diez personas requeridas no contestaron).

Según un representante de Tuenti, en el primer semestre de 2010 se ha dado de baja a 35.000 usuarios menores de esta edad. Facebook, que se regía por la ley norteamericana y permitía usuarios desde los 13 años, aceptó el requisito español y aplico el mismo filtro. Por ello, Múgica está pidiendo un marco común de actuación, para evitar que este tipo de empresas burlen legislaciones nacionales ubicando sus sedes sociales en países "más permisivos". Pero ¿Qué ocurriría si la empresa se niega a aceptar la normativa de un país, por considerarla inadecuada?

Como siempre, la prohibición y el control, medida recurrente de nuestros gobiernos, no es ni la única ni la mejor respuesta. La única arma es la educación, una verdadera alfabetización tecnológica que permita a los usuarios (jóvenes y no tan jóvenes) saber la consecuencia de sus acciones y de sus clics. Porque un gobierno puede tener buenas intenciones, e intentar mejorar la vida de sus ciudadanos, o proteger a sus menores, pero ¿y si un gobierno tiene por único objetivo censurar la libertad de expresión? ¿Podría un marco legislativo transnacional amparar la pretensión de China de bloquear Google o Blogspot? ¿No estamos encaminando hacia el Gran Hermano que retrató George Orwell en su novela 1984?

MENORES EN RED (II)
15/07/10

Lo que viene quedando claro, y a las evidencias nos remontamos, es que ni menores ni mayores están preparados para navegar por la red de manera segura. Hace unos días comentábamos la insensatez de un británico que se lanzó con un parapente tras haber visto unos vídeos en youtube, o vemos como la gente cae ante estafas más o menos ingenuas. También vemos como algun@s menores se dejan engañar y se citan con desconocid@s que han conocido a través de las comunidades virtuales. Pero ante este tipo de cosas, la falta es la misma: la falta de sentido común.

La prohibición a la que hacía referencia el señor Múgica en el post anterior no es pedagógica ni educativa. Si los tenemos engañados, con redes propias e irreales para ellos, corremos el peligro de que piensen que la vida es así de sencilla y cuando salgan a la calle, por mantenerlos en un mundo idílico, no sean capaces de ver el peligro real, ni dentro ni fuera de la red.

La red es un fenómeno social imparable: estar fuera de ella es estar fuera de la sociedad. Y nuestr@as adolescentes y preadolescentes no están dispuest@s a quedarse fuera de juego (les hemos enseñado a ser competitivos, a estar a la última). Saben saltarse las restricciones y en 6º de primaria y 1º y 2º de la ESO, (11-14 años), más de la mitad del alumnado es visitante habitual de estos espacios virtuales, como no podría ser de otra manera. El gobierno impone sus reglas, los jóvenes saben buscar las redendijas para evitarlas.

APPLE ES EL ÚNICO DIOS, Y JOBS SU PROFETA
17/07/10

El Ipod 4 acaba de aparecer. Igual que pasó hace unos meses con el lanzamiento del Ipad, la gente hizo cola en las Apple

Store para adquirir el nuevo gadget, y en el primer día de ventas, se vendieron un millón de terminales. La mayoría de los compradores eran usuarios de la versión precedente de este ingenio (al hilo de los tratado en los últimos posts ¿Qué habrá ocurrido con ese millón de Ipod 3 desheredados en la flor de su vida).

Pero nada más salir, ya hubo quejas por la falta de señal y pérdida de cobertura. Steve Jobs, ceo de Apple salió al ruedo y quedó las cosas claras: no es culpa de Apple, es culpa de los usuarios que no saben agarrar el móvil, lo cogen tapando la antena y dificultando así la recepción de las ondas.

A pesar de que cada vez somos más exigentes, de que si algo no nos gusta lo desechamos de inmediato y lo sustituimos sin dilación, Steve se permite reñir a sus clientes, que toman la bronca como dogma de fe y hacen reverencia de idolatría. Si la sociedad de la información se está convirtiendo en una nueva religión, Apple es su Dios, y Steve Jobs su profeta.

AHUYENTADOR DE JÓVENES
20/07/10

Hasta ahora habíamos pensado que el avance tecnológico tenía en la juventud su mejor aliado. Pero El Mosquito, inventado por Howard Stapleton, emite un agudo pitido en una frecuencia que sólo los jóvenes oyen, con el fin de erradicarlos de ciertos espacios públicos.

El invento, y la medida, que afortunadamente no han sido tenidos en cuenta en el espacio común europeo, es cuanto menos discriminatorio. El aparato en cuestión viene a ser un dispositivo como el que se vende en supermercados y ferreterías, y que una vez conectados a la red eléctrica, ahuyenta a insectos y roedores.

Una cosa, también al orden del día, es que en algunos puntos del continente se debata la pertinencia o no del burka, que en ningún caso va contra la persona, sino contra el instrumento, pero otra muy diferente es crear un repelente de jóvenes, sin más criterio que su edad. El aparato no distingue entre ruidosos o educados, en ebrios o serenos, su único rango de aplicación es la edad, y su funcionamiento basado en el disfuncionamiento del oído adulto, que con los estragos de la edad pierde eficacia de uso.

Fuera de las posibilidades tecnológicas aparece el debate ético ¿podemos limitar ciertas zonas comunes y espacios públicos a ciudadanos por el mero hecho de tener un oído más sano y desarrollado que otro?

SGAE: OTRA VUELTA DE TUERCA
22/07/10

Teddy Bautista, presidente de la SGAE, vuelve a desatar la polémica tras su intervención en los cursos de verano de la Universidad Complutense. Después de la aprobación en el Senado de una moción de Coalición Canaria que insta al Gobierno a modificar la Ley de Propiedad Intelectual para excluir a los organismos públicos del canon por copia privada, Teddy afirma que es "una mala idea. Si alguien quiere bajar algo que baje el IVA, que es más asequible". Siguiendo con sus desafortunadas declaraciones, afirma que "también se debería eximir de pagar la electricidad, el gas y los servicios generales".

Estas palabras hacen dudar de la catadura intelectual de quien las evoca, o al menos ponen en duda su integridad ética y ciudadana. Evidentemente la comparación no tiene sentido, ya que si la administración consume electricidad, deberá pagarla. Pero los CD's DVD's y medios de almacenamiento consumidos por la administración no están destinados, evidentemente, a grabar música o películas para uso privado

BRECHA DIGITAL / BRECHA ALFABÉTICA
24/07/10

Hace unas décadas el gran problema de la educación, y por ende de la sociedad en general, era el analfabetismo. La gente que no sabía leer ni escribir interpretaba el mundo de otra manera. Para ellos era ajena la magia que un texto puede aportar a un letrado. Además era excluida del proceso cultural, y en el ámbito laboral eran ubicados en puestos extrarradio.

En nuestra época hemos creado una nueva forma de analfabetismo, el tecnológico, y con el paso de las dos últimas décadas, verdadera transición entre la sociedad analógica y la sociedad digital, se ha convertido en una gran preocupación. Hasta tal punto que el fenómeno genera y seguirá generando dos estamentos sociales postmodernos: los integrados y los parias de Internet, y en entre ellos la Brecha Digital, un escollo que en algunos casos se presenta como insalvable.

¿Crea más sesgo la Brecha Digital del que creó la Brecha Analógica? ¿Será tan trágico el futuro para aquellos que no se integren en la "nueva moda"?

CIBERCONSEJOS DE LA POLICIA
27/07/10

Los tiempos cambian, eso se nota. Hace unos años, con el aumento de la delincuencia y la mayor actividad estival de los ciudadanos, la policía tuvo que comenzar a dar una serie de consejos: que un vecino recogiera el correo, instalar un temporizador que encendiera y apagara la luces y la radio... vamos, que pareciera que la casa no estaba sola, ya que ante esa evidencia, los ladrones se sentirían invitados a entrar.

Este año, en su canal de youtube, la policía hace referencia a las comunidades virtuales, aconseja a los padres que no den pistas de sus vacaciones en Facebook, y pide que orienten a sus hijos para que hagan lo mismo en Tuenti. Las fotos en la playa o las rutas en la montaña pueden ser la invitación para que los amigos de lo ajeno sepan que los hogares están vacíos por unos días. Así que lo mejor es esperar a volver a casa para compartir nuestros recuerdos de viaje con los ciberamigos: entre ellos alguno puede delatarnos.

CAMPUS PARTY, CUANDO LO VIRTUAL TOMA CUERPO
31/07/10

3.400 campuseros se han dado cita en la Ciudad de las Artes y las Ciencias de Valencia para revindicar que las nuevas tecnologías están a la orden del día y a pie de calle. Entre el 26 de julio y el 1 de agosto, se puede participar en este evento, referencia en todo el país. La entrada es asequible: 30 €uros por una visita diaria (que incluye desayuno, comida y cena) o 93 para estar a pie de cañón los 6 días. Habrá 1.200 entradas de un día (200 para cada una de las seis jornadas) y 2.200 a tiempo completo. Hay zona de acampada, para no verse obligados a ausentare de la party ni un solo instante. Sin embargo, ya no es posible acercarse a este evento: todas las entradas están agotadas.

¿Qué se puede hacer en este sitio? Ciencia, innovación, redes sociales, ocio digital y, sobre todo, demostrar a todos aquellos detractores de las nuevas tecnologías que estar online no tiene por qué dejarte fuera de juego socialmente. Más info en su web: http://www.campus-party.es

¿LA TRAMPA TECNOLÓGICA O DE LOS TECNÓLOGOS?
03/08/10

Muchas veces hemos oído eso de "ha sido un error informático", "es culpa del ordenador", "es que la red se ha caído y no podemos procesar su gestión"...

Los que nos movemos frecuentemente con estas máquinas y estamos medianamente concienciados de que el cambio que estamos viviendo va a marcar el desarrollo social a partir de ahora, solemos considerar estas expresiones como cortinas de humo, como excusas para desviar la atención sobre algo que el usuario ha hecho mal.

Este caso que vamos a concretizar parte del Servicio Extremeño de Salud. Un médico ha recetado un fármaco de Roche, Bonviva, que es de aplicación mensual. Por error, en la receta electrónica se marca como una toma diaria. La polémica surge por el precio del medicamento, que es de 50 euros la caja, y se sirve en envases de una sola unidad. No sé sabe muy por qué, la administración extremeña debe pagar 1.500 euros mensuales por este error, no informático, sino humano. Pero donde podemos sacar más transfundo no es el error en sí, que cualquiera podría haber cometido, sino en la imposibilidad de enmienda, ya que si el producto no ha sido dispensado ¿Por qué debe ser pagado?

Si hay individuos grises y siniestros que utilizan la tecnología para robar, no debemos generalizar y pensar que la tecnología es gris y siniestra. A fin de cuentas lo que aquí ha ocurrido, más que un error tecnológico, es que la desidia que embarga la gestión del dinero público ha impedido que se busque un culpable, y que los que se han lucrado indebidamente paguen por su desmedida usura.

Por cierto, en países como Brasil, en la caja se lee claramente que es un medicamento de uso mensual ¿por qué la caja española omite este detalle?
Moraleja: Confiad en la tecnología, pero desconfiad de los que tratan de monopolizarla.

LOVEBOOK: EL AMOR EN LOS TIEMPO DE FACEBOOK
07/08/10

El fenómeno Facebook llega a la literatura. Bueno, al mercado del libro, que siempre se hieren sensibilidades al llamar literatura a cualquier palabra impresa en formato libro. Le dedico esta entrada no por lo que me ha impactado (más bien nada) ni por ser un libro sobre Facebook (hay cientos), sino por ser una novela, y no un libro más o menos técnico, que toma como referente el mundo digital y las nuevas formas de interacción social.

La Italiana Simona Sparaco nos ofrece Lovebook, una historia de amor surgida en Facebook, el cupido del siglo XXI. Recurre a algunas imágenes y tópicos de la comunidad virtual. Quizá lo más remarcable sea su faceta didáctica, que permite acercar el vocabulario especifico a lo no presentes en las redes sociales y/o poco interesados por Internet (lanzar peticiones de amistad, aceptarlas o rechazarlas, creación de grupos, enviar mensajes...). También, en cierta medida, da ciertos consejos para aquellos que se animan a entrar por primera vez a husmear en el ágora digital, como no dejar sesiones activas en ordenadores compartidos.

Si me tengo que quedar con un cita, sería el consejo que recibe la protagonista de su hermana y mentora en temas digitales: "ya no existen las citas a ciegas, con Facebook puedes conocer de antemano todo lo que necesitas".

500 MILLONES DE AMIGOS PUNTO COM
11/08/10

En la última entrada hablábamos de libros: ahora tocar de películas. En los últimos años se ha venido mezclando, con más o menos acierto, el tema de las nuevas tecnologías en el cine, no como herramienta, sino como fuente de guion.

Recordamos La Red, Hackers, Tienes un email, TakeDown, Matrix, Tron, Conspiración en la red (Antitrust), 23-Nichts ist so wie es scheint (Nada es lo que parece), Asalto informático, Operación Swordfish, Piratas de Sillicon Valley, Juegos de guerra, Sneakers (Los fisgones), Los tres días del cóndor, Firewall...Además, podemos incluir dos españolas: No debes estar aquí y Más de mil cámaras velan por tu seguridad.

Pero ninguna de ellas logró alcanzar la repercusión mediática que a buen seguro va tener The Social Network (La Red Social), basada en la creación y éxito de Facebook. Además de los habituales canales de difusión que tienen el resto de las producciones cinematográficas, nos cansaremos de escuchar referencias a esta película en la prensa y hasta en los telediarios. Su principal canal publicitario es el que figura sobreentendido en el cartel de la película: 500 millones de amigos, que vienen a ser los usuarios de Facebook en el mundo (como el conjunto de los 27 estados que forman la Unión Europea y casi el doble que Estados Unidos). Por lo tanto, ni pasará desapercibida ni será fácil escapar a su empuje. Por lo tanto, anticipémonos a lo que no espera.

Una vez presentada en el Festival de Nueva York, se estrenará el uno de octubre. No se tiene 500 millones de amigos sin hacer algunos enemigos, es el lema que podemos leer en el cartel de la película en la web. Ha sido dirigida por David Fincher, con guion de Aaron Sorkin. Se basa en novela de Ben Mezrich y es un film innovador por su temática, y sobre todo, lanzado en el momento oportuno, cuando la web 2.0, las redes sociales y Facebook están en boca de todos. Narra la historia de Mark Zuckerberg, que en 2003 sentó los precedentes la comunidad que revolucionó Internet y los medios de comunicación: Facebook. En seis años, 500 millones de usuarios han convertido a Zuckerberg en millonario, aunque según cuenta la historia, no todo fue un camino de rosas.

http://www.thesocialnetwork-movie.com/
(500millionfriends.com/)

EN BUSCA DEL ARCA PERDIDA
15/08/10

Hace unos años un CD de música raramente bajaba de los 12-15 €uros. Ahora el mercado vende a precios irrisorios comparados con las épocas de bonaza. De tal manera, hoy es posible conseguir títulos clásicos e imperecederos al 25% de sus precios originarios. Sin embargo algo está fallando: en su usura desmedida, el mercado obligó al usuario a recurrir a otros canales alternativos. El mp3 entró con timidez, como espacio reservado a unos pocos geeks. Sin embargo, hoy es raro encontrar a una persona que no conozca la potencia de esos tres caracteres.

La huida, económica en la mayoría de los casos, hizo las veces de recurso pedagógico, motivando el uso de medios informáticos que mejoraría la experiencia digital. Con el tiempo, la tecnología ofrece recursos portátiles para que no sea necesario el ordenador a la hora de reproducir ficheros. Los usuarios huidos extendían cada vez más las maravillas de estos nuevos gadgets, como profetas del cambio que estaba por llegar. Los Ipods de 160 gb permiten almacenar casi 2.000 CD's en un dispositivo que viene a ser la mitad del volumen que ocupa un CD convencional. Y además permite disponer en todo momento y en cualquier lugar de la discoteca almacenada.
Quien ha migrado del CdAudio al Mp3 ha recorrido un camino por el que no piensa volver. Los más jóvenes han crecido sin el CD como soporte físico, lo que genera una total desafección para con él, con lo cual no sufrirán la melancolía que podrían alegar los más melómanos. Sin duda estamos en un punto sin retorno.

LA DEPRECIACIÓN DE LA CULTURA
20/08/10

Seguimos con el velatorio del CD de audio. La industria del disco gusta de acusar a la piratería en particular y a Internet en general de la muerte de este medio. Pretendían incluso llevar más lejos la culpabilidad, y hacerla extensible a la aniquilación de la música y de la cultura, en un mensaje apocalíptico.

Sin embargo veremos con algunos ejemplos como otro de los factores de la crisis del mercado ha sido su inmovilismo ante la inminente revolución digital y su crecimiento exponencial e insostenible.

Hace unos años, la industria jugaba una baza monopolista, éticamente insostenible y claramente despótica. Era difícil abrirse camino en un mundillo abigarrado y cruel en el que era imposible grabar un disco si no se era primo, hijo o amante de. La democracia digital permitió más apertura, de tal manera que grupos antes no serían escuchados fuera de su barrio, podrían convertirse en un boom (si la suerte y la audiencia los acompañaba). Myspace y Youtube se convirtieron en una ventana al mundo que ha transformado el panorama musical.

¿Qué ha hecho mientras la industria convencional? Ellos, que ahora se aferran con lágrimas a la degradación de la cultura, no hacían más que contrarrestar con lanzamientos masivos, tratando a la música como un producto de consumo inmediato. Como tal, la volatilidad y la inseguridad de la inversión eran claramente mayores. Se crearon artificialmente "artistas" de postín, tratando de dar solera a un subproducto musical claramente perecedero. Como la fecha de caducidad era inmediata, cd's y merchandasing se malvende a posteriori en los templos del consumo, extensión de los especuladores "culturales".

Para terminar, ciertas industrias se han adaptado al cambio: ideas como itunes o spotify llenan los bolsillos de sus creadores. Otros se regodean en su propia miseria viendo como la tecnología y los nuevos productos les desbordan. La sociedad digital es más exigente, más compleja y tiene más medios a su alcance. El consumidor es diferente, y hay que cambiar los métodos de persuasión. Internet no está matando a la cultura, simplemente la libera del monopolio en el que estaba presa.

EL CIBERTURISTA
25/08/10

Estamos en crisis, y herramientas como Vpike o Google Earth nos invitan a recorrer todo el mundo desde nuestros ordenadores, sentados cómodamente en el sofá de casa. Pero no nos referimos a eso.

Cada vez más, el viajero prescinde de las agencias de viajes tradicionales para planificar sus vacaciones desde la red. A través de los portales especializados se pueden conseguir los vuelos más económicos y los hoteles más interesantes. Además se puede salir de casa con todo organizado, con las entradas compradas, con reservas en los principales museos (en Italia se hace casi imprescindible la prenotazione).

La democratización de la información que ha traído Internet nos permite hacer fácilmente desde casa actividades que hace unos años eran dominio reservado a unos pocos monopolistas. Otro modo de negocio que ha cambiado

FACEBOOK OS DECLARA MARIDO Y MUJER
27/08/10

Yolanda y Carlos Javier son dos extremeños que, dispuestos a no perderse el carro de las nuevas tecnologías, decidieron casarse este pasado verano y retransmitir la ceremonia por

Facebook. El evento fue seguido por 500 invitados, vamos, una ceremonia íntima. El acto fue celebrado por un concejal del psoe, Miguel Ángel Segovia, relacionado con el mundo de TIC.

No sabemos si los invitados pudieron disfrutar del banquete de manera virtual de la misma manera que lo hubieran hecho en persona, y tampoco si los regalos se limitaron a las florecillas y felicitaciones digitales o si la ciberetiqueta exige una dádiva tangible. El caso es que Internet sigue revolucionando nuestras formas y estilos de vida, y va cambiándonos sin que nos demos cuenta.

HASTA QUE FACEBOOK NOS SEPARE
31/08/10

Es difícil que nos sorprenda una historia que provenga de EEUU. Estamos acostumbrados a noticias rocambolescas y/o absurdas. La siguiente es merecedora de ambos adjetivos y, además, tiene como protagonista destacado Facebook. Por lo tanto, el escenario digital vuelve a saltar a los medios.

Lynn France, terapeuta ocupacional de 41 años y residente en Cleveland, pensaba que su marido le era infiel. Por ello, dispuesta a aclarar el amargo trance, decidió seguirle los paso. Y no le fue difícil: tecleando en Facebook el nombre de la sospechosa, descubrió en su perfil, que estaba configurado como público, que acababa de casarse, y en el álbum de la boda, vio que se había casado Jonh France France, su marido. Además, Jonh se llevó a los hijos de ambos a Florida, y según Lynn, sólo los ve a través del perfil de Facebook de su ¿ex?marido.

Los medios de comunicación americanos han abierto el debate sobre la privacidad de la red, pero ¿es la red culpable de este tipo de eventos o mera portadora de la estupidez humana? Como nuevo entorno socio-cultural, Internet se ha convertido en un escenario paralelo en el que desarrollamos nuestra vida virtual, aunque para algunos, sea más real que la vida física. Como siempre, las medidas preventivas que tomamos en la calle son válidas en los entornos digitales, y la estupidez o el absurdo, son tan válidos dentro como fuera de Internet

El invento más peligroso desde la bomba atómica
05/09/10

El roquero John Mellencamp, que además de músico es activista y un comprometido social, ayudando con conciertos benéficos a distintas causas, o apoyando comprometidamente a Obama en su campaña, ha arremetido recientemente contra Internet: "Creo que Internet es el invento más peligroso desde la bomba atómica. Está destruyendo el mercado de la música y va a destruir el del cine".

Las declaraciones coincidieron con el lanzamiento de su disco "No Better Than This", eso sí en formato tradicional y digital.

Cuando alguien tiene acceso a los canales mediáticos tradicionales y generalistas, debería prestar más atención a sus palabras, bajo pena de parecer, sin acritud, poco inteligente.
http://www.mellencamp.com/

¿Hasta dónde quieren llegar?
08/09/10

La discográfica Emi no sabe lo que quiere. En su informe anual se queja del potencial de ventas que ofrece Internet. Con números en la mano, su tradicional lloriqueo contra el top-manta y las descargas ilegales no procede. Ahora le da por arremeter contra itunes, la tiende virtual de Apple, por sus excelentes resultados (en febrero alcanzó la cifra de diez mil millones de canciones vendidas). La tienda online de la manzana controla el 70% de las ventas de música por Internet.

Es decir, si la gente descarga sin pagar, malo; si al gente paga por descargar, peor. ¿En qué quedamos? Esta gente debería comprender que el vinilo y el cassette han muerto, y que el cd es ya un anacronismo al que le queda muy poco tiempo. Los tiempos están cambiando y los hábitos de consumo de 2010 no tienen nada que ver con los de 1970.

Ellos podrán quejarse, pero no por ello van a resucitar costumbres olvidadas. En vez de buscar argumento estúpidos para justificar decisiones estúpidas, deberían replantearse su modelo de negocio y adaptarlo a lo el mercado exige. No es cuestión de que innoven (eso ya lo hizo itunes), sino de que se adapten a lo que ya existe.

"INTERNET ES EL FIN DEL MUNDO"
19/09/10

Seguimos con la serie de detractores de Internet. Hace un par de semanas era el músico John Mellencamp el que decía que Internet era El invento más peligroso desde la bomba atómica. Ahora Sánchez Dragó, en los videoencuentros de Antena3, hace una serie de comentarios con menos o ningún sentido, y tras un poco de presunción sobre su fantástica persona, despotrica sobre Internet. Afirma que no es provocador, sino que sus ideas son provocadoras y que el problema es que la sociedad ha perdido el sentido común, que es al que él responde.

Habla sobre Facebook, confesando que no lo maneja, y que no lo quiere manejar. Hace referencias al concepto de amistad, a veces ridículo, en las comunidades, y sobre las peticiones de amistad que el recibe, cuando en realidad el no quiere recibirlas. Hasta aquí, la cosa parece coherente. Pero poco después sale la vena despotricadora y afirma que

Internet es el fin del libro, el fin de la televisión, el fin de la música, el fin del cine, de la prensa escrita, en definitiva, el fin del mundo. Acaba su entrevista con un consejo: apaguen y lean, pero, en definitiva ¿no estamos leyendo en este momento?

YouTube con respaldo judicial
23/09/10

Telecinco, ejemplo de cadena decadente, debe sentirse muy orgullosa de sus programas y por ello se dedica a demandar a aquellos que se dedican sus imágenes. Lo consiguieron con el SQHL de la Sexta. Sin embargo, su demanda contra YouTube no ha tenido el mismo éxito. La sentencia afirma que el portal audiovisual no es un proveedor de contenidos, sino un mero depositor de lo que colocan sus usuarios, y que la cadena televisiva debería ir contra ellos.

No obstante, TeleCinco ha amenazado con recurrir la sentencia, intentando conseguir en los juzgados lo que no consigue en los audímetros. Y es que a fin de cuentas ¿no deberían sentirse orgullosa de que sus seguidores se tomen la molestia de grabar fragmentos de sus emisiones para compartirlos con el resto de la comunidad?   Y por otra parte ¿no podría Youtube denunciar a TeleCinco por ocupar los servidores con videos tan pésimos?

En fin, que una época en la que caminamos a la plena convergencia documental, e Internet se convierte en una enciclopedia global, este tipo de demandas nos hace retroceder años, y dicen mucho del tipo de empresas que las utilizan, pretendiendo revivir los momentos de monodifusión del pensamiento único. El que YouTube se convierta en banco de imágenes popular sólo beneficia al ciudadano digital, que accede a contenidos que de otra manera le estarían vetados. Y más hipócrita si cabe es esta actitud cuando es habitual que los programas de   las cadenas comerciales recurran a

YouTube y utilicen este ingente repositorio audiovisual para benéfico propio.

LAS TIC EN LOS HOGARES ESPAÑOLES
01/10/10

El INE (Instituto Nacional de Estadística) ha hecho pública hoy la Encuesta sobre Equipamiento y Uso de Tecnologías de la Información y Comunicación en los hogares. En su web podemos encontrar los resultados completos y, a la luz de los mismos, una vez comprobado que somos un país poco ducho en aspectos tecnológicos, ha colocado un resumen de prensa en 10 páginas para facilitar la lectura y evitar perderse entre menús desplegables.

El que no seamos un país con cultura tecnológica, no quiere decir que no seamos tecno consumidores, ya que un 57% de los hogares cuenta con una línea ADSL (Un 9% más que hace un año) y ya somos más de 22 millones de internautas. El aumento de consumo de ADSL ha sido imparable desde 2004, haciendo desaparecer casi por completo a otras alternativas de conexión (RTB). Sin embargo la televisión sigue siendo la reina, y está presente en casi la totalidad de los hogares (99,5%)

Extremadura, con el 48,5%, y Galicia, con el 48,3%, son las autonomías que menos utilizan las nuevas tecnologías de la información (ordenadores e Internet), Cataluña, Aragón y Baleares, con casi el 77%, están a la cabeza en esta categoría.

No obstante, en el próximo post hablaremos del valor de las encuestas.

EL VALOR DE LAS ENCUESTAS
04/10/10

Los medios de comunicación son muy dados al abuso, más que uso, de las encuestas. Tele5, en uno de sus subproductos habituales titulado "la princesa del pueblo" y dedicado a Belén Esteban, afirmó que la "mujer que se hizo famosa por tocarle la chorra a un torero" (SLQH dixit) obtendría un 8,9% de los votos (más que IU o las fuerzas nacionalistas). La "encuesta", si es que en realidad lo es, la hizo sigma2 a 3.200 personas vía telefónica.

Otras veces, dependiendo de a qué lobby pertenezca el informativo que estemos viendo, nos dirá que el partido tal, a día de hoy tendría la mayoría absoluta, mientras que si cambiamos de canal, los datos serán radicalmente opuestos.

Y no es que no haya técnicas para obtener datos fiables, sino que las empresas o los grupos de opinión mostrarán resultados presuntamente validados científicamente con opinión no ya de mostrar una tendencia, sino de modificarlas. Un ejemplo son los cuestionarios de algunos medios (tanto en televisión como en prensa digital) que pretenden hacer validos cuestionarios contestados por sus seguidores. De todos es sabido que cada uno lee o ve lo que más le interesa (raro será el seguidor del Barcelona que lea el Marca, o el militante de IU que vea Intereconomía), así que, siendo realistas, no es difícil aceptar que estos resultados estarán altamente sectorizados e ideologizados.

Gallup, creador del método que lleva su nombre, descubrió que era mejor una muestra representativa pequeña que una más extensa y sectorizada. Así en las elecciones estadounidenses de 1936, con una muestra de 5.000 encuestados, consiguió mejores resultados que otra de la revista Digest realizó entre sus usuarios, y en la que recogió 5 millones de opiniones. Como reconoce el ideario popular, más vale chiquitita, pero juguetona...

SIMO: LA COTIDIANEIDAD DE LA NOVEDAD
06/10/10

Durante ayer, hoy y mañana se celebra en Madrid la edición 2010 del SIMO. La que desde los noventa fue la feria tecnológica por excelencia en España, ahora ya no deja de ser una feria más. Si en sus orígenes era motivo de minutos en noticiarios y páginas en prensa, ahora pasa más desapercibida, quizá por la abundancia de este tipo de eventos y, a buen seguro, porque ya es algo habitual, y no una novedad.

Este tipo de comportamientos sirve como termómetro para valorar el grado de integración digital de la ciudadanía, que poco a poco va integrando las nuevas tendencias y las hace cotidianas. Cuando la modernidad se convierte en cotidianeidad es señal de que hemos avanzado un paso más. A pesar de ello, cabe seguir reflexionando sobre los dos estratos sociales que se están generando a causa de esta innovación tecnológica: algunos se han introducido, alegremente o con resignación, pero algunos aún se resisten, condicionando, sobre todo entre los más jóvenes, su futuro laboral inmediato.

QUIEN SIEMBRA VIENTO RECOGE TEMPESTADES
07/10/10

Como respuesta a los múltiples ataques que el ministerio de cultura y la sgae han lanzado contra los cibernautas, un grupo de usuarios de Internet., en una iniciativa denominada "Operation Payback" ha atacado los portales web de las dos instituciones, dejándolos inaccesibles durante toda la tarde de ayer.

Los activistas utilizan un método que satura los servidores elegidos, lo que provoca la imposibilidad de un uso normal de los recursos informáticos de la víctima. No es un hecho aislado, y el pasado mes de septiembre la Asociación Americana de la Industria Musical (RIAA) y la Asociación Americana Cinematográfica (MPAA) sufrieron un ataque similar, aunque su tiempo de reacción y la restauración de los portales fue mucho más rápido. En Reino Unido una firma de abogados dedicada a denunciar a Internautas que realicen descargas, también sufrió ayer esta práctica.

Esto demuestra que ni la SGAE ni el Ministerio de Cultura están al corriente de cómo funciona la cultura popular, ni de que en Internet, por mucho que les pese, el "bit", es libre. Y lo que es mucho más importante: que sin contar con un medio de comunicación tradicional, es posible poner de acuerdo a un gran número de ciudadanos. Esta es quizás la evolución natural de las manifestaciones, sólo que ahora son más cómodas y efectivas.

CAMELLOS 2.0
17/10/10

La comunidad valenciana ha hecho saltar la libre: las nuevas tecnologías facilitan el consumo de drogas. Mensajes como oferta de ski para fin de semana o disco duro de 50 Gb pueden aparecer en nuestro móvil o en nuestro faceebok.

El primero hace referencia a la venta de coca y el segundo anuncia la disponibilidad de pastillas "estimulantes" y su precio.
Denuncian los técnicos que ante este tipo de mensajes codificados, es más fácil desviar la atención de los padres, ya que según ellos "no están habituados a los términos tecnológicos".

De nuevo vemos como los medios de comunicación de masas convencionales tratan de demonizar el fenómeno Internet, pues de los dos anuncios, uno habla de ski y otro de informática, pero la noticia habla de "términos tecnológicos". Como segunda línea de reflexión, valorar como la tecnología transforma nuestro día a día, y eso se nota en todos los ámbitos. Los camellos no pierden la oportunidad para subirse al carro 2.0.

INFORMÁTICA VINTAGE
20/10/10

El cualquier tiempo pasado fue mejor es una máxima que se ha convertido casi en un axioma paradoxal de nuestro tiempo. Y es que nos gusta mirar hacia atrás con cariño, decimos que los niños de hoy día están perdiendo su infancia, pues ya no salen a la calle como los de hace unos años. Afirmamos que el móvil nos agobia porque es una forma de estar controlados en todo momento y replicamos que las nuevas tecnologías nos estresan. Pero, realmente ¿seríamos capaces de deshacernos de toda esta cacharrería postmoderna? Evidentemente, no.

Prueba de ello son los productos que recrean los aparatejos de antaño, aunque ya no sean necesarios, como el producto de la foto: un rebobinador de DVD's

LA ILEGALIDAD DEL CANON
21/10/10

El Tribunal de Justicia de la UE se ha pronunciado contra el canon, por gravar indiscriminadamente la compra de dispositivos de almacenamiento, precisando que se puede aplicar alguna tasa a consumidores particulares, pero nunca a empresas o administraciones. Aunque a la noticia se le ha dado mucho bombo, lo cierto es que todo seguirá igual, y que lo que cambiará será el nombre del diezmo que no será aplicado. Es más, la sentencia legitima el tipo de cobro adicional al consumidor (aunque sea abusivo llamarlo canon) y se atreve a afirmar que si un usuario compra un móvil que puede reproducir mp3, pagará canon aunque sólo lo use para hacer llamadas, puesto que el aparato esté preparado para la escucha de ficheros que podrían ser ilegales (vamos, tan cínico como el chiste que incluyo más abajo).

Sin embargo, corresponde a los tribunales españoles dar el paso de ilegalizar el canon. La ministra González-Sinde ha afirmado que buscará una alternativa ¿Qué tendrá este gobierno que tanto se molesta en culpabilizar a sus ciudadanos mientras ladrones, asesinos y estafadores se pasean tranquilamente por la calle?

Una pareja se fue de vacaciones a una laguna donde se podía pescar. El esposo amaba pescar al amanecer y a su mujer le encantaba leer.
Una mañana, el esposo volvió después de varias horas de pesca y decidió tumbarse y dormir una pequeña siesta.
Aunque no estaba familiarizada con el lago, la esposa decidió salir a pasear en el bote. Remó una pequeña distancia, ancló el bote y retomó la lectura de su libro. Al poco rato apareció el guarda en su bote. Llamó la atención de la mujer y le dijo:
- Buenos días, señora... ¿Qué esta haciendo?
- Leyendo - respondió ella, pensando "¿Es que acaso no es obvio?".
- Se encuentra en un área de pesca restringida.
- ¡Pero si no estoy pescando...! ¿No lo ve?
- Si, pero tiene todo el equipo. Tendré que llevarla conmigo y ponerle una multa.
- Si usted hace eso lo denunciaré por violación! - dijo la mujer indignada.
- Pero si ni siquiera la he tocado...!
- Si, pero tiene todo el equipo!

¿PARA QUÉ USAMOS INTERNET?
24/10/10

No podemos poner en duda la necesidad de la universalización de Internet. El acceso a la red telemática global ha dado un nuevo significado al proceso de globalización, pues si hasta ahora la disminución de fronteras sólo había sido útil a la banca y a las grandes empresas, Internet ha supuesto un revulsivo social y ha dispuesto en cada hogar un sinfín de aplicaciones y utilidades. Sin embargo ¿somos conscientes del poder de la red? ¿No queda su uso cotidiano limitado a lo banal, a lo intrascendente?

Tal vez tardemos aún unos años en descubrir el verdadero potencial de Internet, aunque de momento nos sirva para poco más que twitear, googlear y facebookear.

LIBRE SOFTWARE WORLD CONFERENCE 2010
26/10/10

Con el lema nosotros no cancelamos tu libertad, comienza hoy en Málaga la Conferencia Internacional de Software Libre. Este congreso itinerante entre Andalucía y Extremadura se está abriendo un hueco, y sus ediciones son cada vez menos esporádicas, buscando una fecha anual en la que centrar y reunir a interesados en que el software no propietario deje de ser una exclusividad y quede al alcance de la ciudadanía.

Es difícil luchar contra la corriente del mercado, que se encubre diseñando productos "optimizados" para windows o mac, olvidando premeditadamente los sistemas basados en linux. Afortunadamente, lo que los ingenieros de las grandes corporaciones no hace, lo ponen al servicio de la comunidad los usuarios más avanzados. Con este espíritu de cooperación, que es la meta de la sociedad 2.0, se celebra hoy en Málaga este evento
http://www.libresoftwareworldconference.org/

MOROSOS EN RED
30/10/10

Una simple llamada de teléfono es capaz de atarnos a una fantástica oferta y hacernos chocar contra una gris y fría realidad al comenzar a no-disfrutar de los servicios contratados. Esta práctica es especialmente importante en servicios de comunicaciones (telefonía fija o móvil y accesos a Internet).

Una simple llamada es capaz de atar a un cliente a un servicio pésimo del que no tiene vías de escapar, por mucho que reclame. Ante este tipo de des-servicios el consumidor poco puede hacer. Sin embargo, si se toma las de Villadiego y dejar de pagar, en ese momento la justicia sí comienza a funcionar y la empresa se ve amparada legalmente para hacer reclamaciones judiciales   e incluir al cliente.

Desde luego, no es este el mejor plan para lograr una alfabetización tecnológica plena, por mucho que se intente vendernos la moto por diversos canales.

TV-INTERNET: LA CONCILIACIÓN ES POSIBLE
03/11/10

El duelo no será eterno. La dispersión de las tic debe reducirse y buscar un convergencia real: menos gadgets, más aplicaciones. Es cuestión de desarrollar la tecnología, pero también la imaginación.

En su programa de Hoy, el programa de la Sexta Sé lo que hicisteis pidió a su audiencia convencional, la que lo veía a través del receptor de televisión, que se fueran haciendo fans de su espacio en facebook. En poco más de diez minutos, más de 20.000 teleinternautas respondieron al llamamiento. 20.000 personas viendo la televisión y al mismo tiempo con un ordenador a mano. Algunos viendo la televisión en su ordenador.

Esto nos puede servir como captador de tendencia: el futuro debe avanzar por este camino. Un solo aparato que nos ofrezca todos estos servicios. Aún no alcanzamos a vislumbrar el potencial de esta nueva forma de navegar o de esta nueva manera de ver la tele. Pero el cambio está cercano, y como ha venido ocurriendo en este neo-mundillo, la innovación nos alcanzará antes de que seamos capaces de imaginar cómo hubiera sido.

INTERNET COMO EXCUSA
07/11/10

Internet es la panacea del conocimiento. Es una fuente de información inmensa donde podemos encontrar casi todo, si sabemos buscar. Y es que, cada vez más, sino estás en Internet, no existes.

Pero Internet también es la excusa perfecta para aquellas personas que se escaquean en su trabajo o no quieren dar explicaciones. Así, si vamos a la administración y, como de costumbre nos dicen que nos falta algún papel, a nuestra pregunta de dónde encontrarlo, nos responderán sin despeinarse "bájelo de Internet". Si estamos descontentos con alguna compra y vamos a la tienda a reclamar, nos dirán con desdén: "hágalo a través de Internet". También algún profesor despistado se atreve a mandar como tarea a sus alumnos "que hagan el trabajo en Internet" y a raíz de aquí, algún alumno exigirá a sus progenitores que necesita Internet para hacer sus deberes.... como si Internet fuera así de simple. Por ello, Internet se convierte en la coartada perfecta de algunos.

PAISANOS PARADIGITALES
11/11/10

Es raro encontrar a estas alturas a una persona con menos de tuenti, que no se defienda en Internet. Pero haberlas haylas, no hay duda. Podemos denominar paradigitales a aquellos individuos que no es que hayan vivido al margen de la sociedad red, sino que habiendo crecido rodeados de hardware y gadgets se niegan a utilizarlos o rehúsan su utilización.

Los planes de alfabetización tecnológica de las administraciones se obsesionan por enseñar a las amas de casa a hacer blogs con sus recetas o a que los abuelos aprendan a chatear con sus nietos, mientras que un porcentaje de adolescentes se parapeta en contra de un nuevo escenario en el que, quieran o no, van a tener que desarrollar su vida futura.

E-BOOK: UN EXTERMINIO PREMATURO
14/11/10

El mercado del libro ha sabido mantener el tipo ante la vorágine digital que ha trastocado otros mercados tradicionales como el del disco o el video, muertos por la propia avaricia empresarial. Por una sencilla razón, el lector clásico ama el olor a papel y el sentir el tacto al pasar las hojas. Sin embargo, las nuevas generaciones pegan fuerte, y el toque mágico de Apple ha hecho que los lectores de ebook entren en el panorama cotidiano. La empresa de la manzana, como de costumbre, ha aportado un nuevo gadget, el Ipad, que ya existía en el mercado, vendiéndolo a un precio más caro, pero eso sí, con una imagen y un marketing exquisitos.

La venta de tabletas y ereaders, como el Kindle de Amazon, demuestran la buena salud del mercado, pero parece que la industria editorial no se da cuenta de este potencial mercado y se permite vender la versión ebook casi al mismo precio que la versión en papel, a pesar de no tener casi gastos de edición ni de distribución. Por estos pasos comenzó la industria del disco, y así se les va. Esta práctica anticomercial vuelve a demostrar que el ser humano es capaz de chocar infinitas veces con la misma piedra.

¿ES REALMENTE 3D EL 3D?
18/11/10

En poco tiempo la tecnología 3D ha padecido una tremenda expansión. Casi a la par que las salas de cines medias se iban equipando de esta tecnología, las empresas de hardware ofrecían alternativas domésticas para disfrutar cómodamente de estas películas en el salón de nuestra casa. Los estudios cinematográficos tampoco han querido perder comba, y los títulos con versión en 3D se expanden como setas.

Sin embargo, los usuarios no están del todo contentos, ya que en una amplia proporción, no deja de ser una triquiñuela más para sacar pasta (los dos euros suplementarios de la versión normal a la 3D, el equipo doméstico y el alquiler o venta del DVD) ¿Qué dónde está el truco? Que después de toda la parafernalia y aparataje tridimensional, la experiencia visual queda en dos explosiones o escenas claves y el resto de la película queda igual que las de antes.

¿Qué ocurre con este tipo de tretas? Que el consumidor, que no es tonto, acaba por darse cuenta y prescinde de este servicio o se lo piensa dos veces antes de utilizarlo, y ya tenemos a la industria con la matraca de que Internet está matando la cultura.

DIBUS EN FACEBOOK
21/11/10

Una nueva corriente se expande en Facebook. De repente las fotos de perfil están cambiando. Nuestros contactos están desapareciendo y en su lugar han llegado Heidi, los Caballeros del Zodiaco o Calimero. Conmemorando la semana de la infancia, como una campaña de marketing viral, hemos visto como a través de eventos o correos de nuestros contactos hemos sido invitados a cambiar la foto de nuestro avatar por otra más colorida, que nos aporta recuerdos de nuestra infancia.

Cambia tu imagen de perfil del Facebook por un héroe de dibujos animados de tu infancia e invita a tus amigos a hacer lo mismo. Porque en estos días será la semana de los derechos de la infancia y en una semana no veremos ni una sola cara "real" en el Facebook, pero si una inundación de recuerdos...:)

SEXTING: EL SEXO DEL SIGLO XXI
28/11/10

Internet ha sido una revolución social, las redes sociales han revolucionado Internet, y el sexo es un motor con fuerza en las comunidades virtuales. Una tendencia en alza es el sexting, neoanglicismo, contracción de contracción de sex y texting. El término ha comenzado ya a españolizarse con el vocablo sexteo. Inicialmente era el envío de contenidos eróticos o pornográficos por sms. Con la evolución de los dispositivos móviles, se ha ido sustituyendo el texto por imágenes y, posteriormente, por vídeo. El objetivo era claro: alcanzar un clímax virtual que propiciara un encuentro físico.

El mayor problema que presenta esta práctica, es la pérdida de control del fichero una vez enviado. Si el fichero es colgado en Internet, puede propagarse con gran velocidad, pasando a dominio público en cuestión de segundos. Y esta práctica es vox populi entre adolescentes de 13 a 17 años (menores de edad) con lo que ello conlleva. Ante esta tendencia, una buena formación se hace necesaria: la web www.sexting.es informa de los peligros que conlleva el compartir documentos personales que pueden traspasar la frágil barrera de la privacidad en Internet.

Pero ¿qué ocurre si la práctica es llevada a cabo por adultos? inicialmente el peligro es el mismo, la rápida difusión de los contenidos, con el riesgo de convertir a los/as modelos/as en estrellas eróticas en la red, lo cual puede acarrear situaciones delicadas en las vida cotidiana de la identidad física. Por ello, al igual que en la vida real, en la vida virtual debemos pensar dos veces las consecuencias que puedan ocasionar nuestras acciones.

MULTAS TIC
01/12/10

Lo que no pudo conseguir el BOE lo va a conseguir Internet. Hasta ahora, la multas de tráfico eran publicadas en el BOE, publicación poco didáctica, que a pesar de ser de interés para toda la ciudadanía y de llevar desde 1939 con este nombre y desde 1661 con el nombre de la Gazeta, pocos son los ciudadanos que se molestan en consultarla.

Por ello, la DGT ha decidido poner en marcha la Dirección Electrónica Vial (DEV) y del denominado Tablón Edictal de Sanciones de Tráfico (TESTRA); o más fácil, dos nuevos servicios por los que, por un lado, particulares y empresas podrán recibir en su correo electrónico o en el móvil la notificación de las multas –pudiendo entonces pagarlas o presentar alegaciones– y, por otro lado, las sanciones que no hayan podido ser notificadas a los infractores, se publicarán en una página web que sustituirá a las publicaciones en el Boletín Oficial de la Provincia (BOP), que casi nadie consulta.

Los tiempos cambian, y la administración, aunque tarde, también lo va consiguiendo.

WIKILEAKS: DANDO LUZ A LAS TINIEBLAS DEL ESTADO
04/12/10

Otro de los logros conseguidos en el paso hacia un estado-red democrático y transparente es la aparición de Wikileads. Su nombre puede traducirse como WikiFiltraciones o WikiFugas. Es un sitio web que publica informes anónimos y documentos filtrados con contenido sensible en materia religiosa, corporativa o gubernamental, preservando el anonimato de sus fuentes. Apareció 2006 y está gestionado por The Sunshine Press. LA cara visible de esta organización es el australiano Julian Assange.

Su mayor alcance mediático ocurrió el pasado mes de octubre, cuando fueron publicados casi 400.000 documentos sobre la guerra de Irak que EE.UU. no quería que llegasen al dominio público. Numerosos gobiernos, entre ellos "democracias maduras" europeas han pedido el cierre del sitio, que hasta el momento no ha hecho nada ilegal, pero que sí ha sacado a la luz irregularidades

El mayor logro de Wikileaks es poner en dominio público documentos que los gobiernos pretender ocultar a sus ciudadanos a la vez que facilitar una herramienta que permita a la ciudadanía denunciar o revelar la cara oculta del juego de poder y contrapoder que realizan las altas esferas de la vida política y militar de cada país. Una tarea polémica y arriesgada que no deja de ser un paso más hacia una nueva forma de entender la democracia.

WIKILEAKS: LA AMENAZA CONTINÚA
07/12/10

Hablábamos en el último post del revulsivo de Wikileaks en los últimos tiempos, un portal de periodismo alternativo en el que tenían cabida artículos que la prensa tradicional y servilista nunca se atrevería a publicar. Se han hecho famosos muchos de los topsecrets del pentágono en la guerra de Irak, y se descubrió el poco aprecio que la Casa Blanca sentía por ZP debido a su poco carisma, y como Sarkozy tampoco caía bien por todo lo contrario.

Pero si Wikileaks se ha convertido en un referente de la sociedad de la información y de la generación 2.0, no podemos olvidar que por encima de todo vivimos en una sociedad tangible, donde el poder y el dinero están por encima del ideal del conocimiento libre y la utopía de la libertad de expresión. Y para demostrarlo, la Interpol ha puesto en busca y captura a Julian Assange, a petición de la policía sueca. El fundador de Wikileaks se ha entregado en una comisaría de Londres, quien se plantea si atender o no a la orden de extradición.

Si la web 2.0 potencia una sociedad más justa, más transparente, las instituciones gubernamentales tradicionalistas se esfuerzan en bloquear y boicotear este nuevo paradigma social que marcará el devenir de la humanidad en los próximos años.

NUEVOS DOMINIOS EN EL PANORAMA
11/12/10

ICANN, el organismo internacional encargado de autorizar y gestionar las extensiones de Internet, debatió y rechazó ayer Cartagena de Indias (Colombia) la creación nuevos dominios genéricos. Aunque a día de hoy no tengan luz verde, se ha emplazado su revisión para el próximo mes de marzo, en el encuentro a celebrar San Francisco.

A los 20 existentes (.com, .net, .org, .edu, .gov ...), les han salido cientos de pretendientes: ciudades, comunidades y marcas quieren tener su propio dominio en la Red. Parece ser que los dominios .gais o .familia .madrid y similares van a tener su espacio en la red. Podremos registrar www.adams.family o www.perezperez.familia, www.alfama.lisboa o www.barriosalamanca.madrid. Fue 2003, cuando se aceptó el .cat para la comunidad cultural catalana. Ahora Galicia (.gal), Euskadi (.eus) y León (.lli) aspiran a tener su propia extensión, así como las ciudades de Barcelona (.bcn), Madrid (.madrid), Valencia (.val), Paris, Berlín y Nueva York (nyc), entre otras. ¿Requisitos? desembolsar los 185.000 dólares que cuesta el estudio de viabilidad, ya que la ICANN no quiere extensiones de dominio muertos, sin dominios registrados.

Parece ser que con las marcas no va a haber liberalización. Así seguiremos teniendo www.apple.es y www.apple.com, en lugar de www.iphone.apple, www.tomate.apis.

Otro problema sería los diferentes caracteres y alfabetos nacionales. Desde finales de 2007 se permite el uso de la ñ, la ç o acentos en los dominios de internet (www.españa.es y www.españoles.es son dominios reservados no disponibles para particulares), aunque su uso plantean dudas, ya que no todos los teclados tienen estos caracteres. A estos caracteres especiales hay que añadir la dificultad de los alfabetos especiales (cirílica, hebrea, china o árabe).

Otras extensiones en el punto de mira son la .xxx (de la que hablaremos en el próximo post) y la de colectivos demasiado abiertos ¿Quién puede arriesgar 185.000 dólares en un estudio de viabilidad para la extensión .music, que tendría millones de dominios registrados, a sabiendas de que no iba a rentabilizarlos?

LULUSEMUA.XXX
14/12/10

Una de las nuevas extensiones de dominio propuestas es la .xxx, para identificar a las páginas de contenido pornográfico. Sin embargo, más de 1.200 personas de 120 países, entre líderes de compañías de Internet, políticos y reconocidos blogueros, han acordado postergar al menos a la próxima reunión de la ICANN, en marzo de 2011 en San Francisco (EE UU), la autorización para el dominio .xxx y otros.

Se habla mucho (y mal) de la montaña de pornografía que hay en la red, del fácil acceso a ella por parte de menores y un motón de patrañas más. Programas de bloqueos de acceso a ciertos contenidos por decisión parental tipo canguro, hacen su agosto, a sabiendas de que es imposible. Si tan problemático es el tema ¿no sería más eficaz autorizar el dominio .xxx para páginas con este tipo de contenidos y poder permitir al usuario el acceso o no a esta extensión desde su conexión? Vamos, algo así como se hace con los prefijos 905 ó 906 en las líneas telefónicas convencionales.

Sin embargo, en la lucha de poderes y contrapoderes es mucho más interesante tirar la piedra y esconder la mano. Quejarse de la perversidad de Internet pero no tomar una medida estructural de lo más sencilla que permitiría de un plumazo reorganizar el uso de la red.

¿QUÉ SUPONDRÍA LA MASIFICACIÓN DE EXTENSIONES DE DOMINIO?
17 DIC.

Hasta ahora estamos acostumbrados al uso de unas pocas extensiones de dominio. El puntocom sin duda es la que da

más identidad a Internet. Le fueron acompañando otras como
.net, . org, .gov y los dominios nacionales: nuestro .es u otros
muchos como los vecinos .fr, .pt, .uk, .it... que nos permitía
hacernos una idea del lugar de procedencia de la web que
estábamos visitando.

En otros casos, se jugaba con dominio de algunos países que
aportaban un tono curioso a nuestra web, y la extensión .tv de
las islas Tuvalu, un país de 25km2 y 12.000 habitantes, era
muy solicitada por cadenas de televisión de todo el mundo,
dando una inyección económica a estas pequeñas islas que
viven de su escasa agricultura y pesca y que carecen hasta
de agua potable.

Pero si se procede a la liberación de las extensiones de
dominios, estaremos entrando en otra fase de la web. Ya no
intentaremos arriesgarnos a teclear en la barra de direcciones
el nombre de la empresa o instituciones que buscamos,
pensando en si era .com o .es. ¿El Louvre seguirá siendo
www.louvre.fr o pasará a denominarse www.louvre.musee,
www.louvre.museum o www.louvre.paris? Ahora habrá cientos
de extensiones y o tenemos previamente la dirección
deseada, o nos estamos encaminando a un nuevo nivel de
googledependencia, ya que no quedará más remedio que
pasar por el motor de búsqueda, acción que por otra parte es
tarea cotidiana en lo más jóvenes, que no suelen anotar las url
en la barra de direcciones, sino que directamente la teclean
en el cajetín de búsqueda de google.

Por otra parte, puede ser una nueva manera de organizar la
sobreinformación que nos ofrece la red: colegios, guarderías o
institutos bajo la extensión .educación, hospitales, farmacias y
clínicas bajo la extensión .salud, bandas, orquestas, coros y
grupos bajo la extensión .música. Pero hay que andarse con
mucho cuidado, ya que si no se realiza una concienzuda
planificación semántica, nos estamos arriesgando a fraccionar

en demasía la red, creando espacios demasiado locales y perdiendo la dimensión global de la red.

WIKILEAKS O FACEBOOK
19/12/10

En estos momentos están televisando un debate en CNN con el titular Wikileaks o Facebook. A parte de la importancia mediática del asunto de la publicación de los cables diplomáticos, llama la atención la tendenciosidad del titular ¿Qué tiene que ver Facebook en este debate? Si nos planteamos la cuestión en profundidad, la respuesta está bastante clara, y es que con ciertos subterfugios, los medios de comunicación convencionales aprovechan cualquier oportunidad para atacar sin compasión a la libertad de expresión que supone la red.

Incluso medios supuestamente progresistas, como CNN, aprovechan cualquier envite para atacar a su enemigo. Facebook no tiene nada que ver, ni por asomo, en esta contienda. Sin embargo, lejos favorecer la tan cacareada alfabetización tecnológica, estas acciones subliminales y debates a priori establecidos, no hacen más que demostrar lo que ya sabemos: la sociedad de conocimiento no interesa como tal a los medios que controlan el poder

DIFICULTADES PARA LA LEY SINDE
21/12/10

El gobierno la llama ley de economía sostenible, el pueblo la llama la ley sinde. La ley que trataba de limitar las descargas de Internet, con medidas como el cierre de webs y la supresión de cuentas de acceso a la red ha recorrido un pedregoso camino este año. Tras varios meses de retraso, la oposición del resto de los grupos parlamentarios y la presión del gobierno de Estados Unidos para que fuera aprobada, el texto no ha conseguido esta tarde los apoyos necesarios en el congreso de los diputados (20 votos frente a 18), y será renegociada de nuevo en el senado.

El PNV afirmó que "está profundamente en contra", ICV, pidió que se retire "la ley de la patada en el módem", ERC la calificó de "chapuza de Pepe Gotera y Otilio" y que "responde a la presión del lobby de la industria cinematográfica estadounidense como ha revelado Wikileaks al que se ha prestado el Gobierno"

Convergència i Unió (CiU), con menos principios y más pragmatismo, hubiera sido el apoyo buscado por el gobierno, pero exigía a cambio el apoyo de 200 enmiendas que nada tenían que ver ni con Internet ni con la ley (fiscalidad de vivienda, transporte, seguros, biotecnológicas, fiscalidad nucleares y otras)

PERSON OF THE YEAR: MARK ZUCKERBERG
27/12/10

Desde hace 83 años, la revista Time elige a la persona más influyente del año. En nuestra sociedad tecnócrata de inicios del siglo XXI, entre los personajes más influyentes deben figurar, como no podría ser de otra manera, aquellos que dominan el web: Steve Jobs (Apple), Julian Assange (Wikileaks) o Mark Zuckerberg (Facebook) estaban entre los candidatos.

Finalmente, y no exenta de polémica (la votación popular daba ampliamente la victoria a la candidatura de Assange), la elección del Person of the year ha recaído en Mark Zuckerberg, joven multimillonario que hace sólo seis años diseñó Facebook como un proyecto para la Universidad de Harvard y en la que actualmente hay registrados más de 550 millones de usuarios.

Richard Stengel, redactor jefe de Time, argumentó, para justificar la elección, que la red social se ha convertido, por "población", en el tercer país del mundo, y que es un medio de intercambio de información imprescindible, indispensable y a veces temible. La vida del joven ha sido llevada al cine este año en la red social, película de David Fincher que sigue acumulando premios y menciones y que a buen seguro tendrá un peso específico en la próxima entrega de los Oscars.

Zuckerberg se ha comprometido a donar en vida al menos la mitad de su fortuna, estimada en 5.200 millones de euros.

DE LEYENDA URBANA A WIKILEADS
30/12/10

Vamos a finalizar este año 2010 con la nueva web que ha colmado los medios de comunicación en estas semanas previas: Wikileaks ha dado el salto en sociedad, estando presente en la primera plana los medios generalistas, que siguen viendo la manera de hacer sangre a su máximo rival: Internet.

Los famosos cables (palabra ya familiar, por impregnación mediática) han puesto a algunos en su sitio, han destapado tramas y han dado el carácter de hecho consumado a alguna de las leyendas urbanas que inundan la red (algunas de ellas herencia de la fase predigital, todo hay que decirlo).

El diario el País, en su edición digital (Diario elegido por Assange, junto a otros cuatro en el mundo para ir difundiendo estos contenidos), tiene un apartado destacado en la parte superior de su página web, donde va colocando algunos de lo affaires más escabroso que wikileaks ha ido filtrando: la retirada de empresas Españolas de Irán por presión estadounidense, el soborno de la multinacional farmacéutica Pfizer a fiscales nigerianos para impedir que saliera a la luz pública los experimentos que había realizado con niños en aquel país, el ninguneo de Obama al gobierno de Zapatero o la reciente presión de la casa blanca para que la ley sindes(cargas) fuera apoyada por todas las fuerzas políticas...

Mientras tanto, Obama declara que el caso de las filtraciones son actos deplorables. Como última reflexión del año , deberíamos preguntarnos ¿son deplorables las filtraciones o lo verdaderamente deplorables deberían ser los acciones que han sido filtradas?

ULLTRAVIOLET: INTERNET FRENTE AL DVD
08/01/11

Después de hacernos renovar la videoteca, de tirar la colección de VHS's y volver a llenar las estanterías de DVD's y BLuRays; tras almacenar el antiguo vídeo al comprar el reproductor de DVD y hacer lo mismo con éste al comprar el reproductor de BluRay, ahora la "industria de la cultura" ha decidido lanzar una plataforma para ver contenidos online previo paso por caja (Vamos, lo que veníamos haciendo hasta ahora, pero en versión monetaria).

Ultraviolet (http://www.uvvu.com) es la plataforma en cuestión que Fox, Paramount, Sony, Universal , Warner y el resto de productoras que forman el Digital Entertainment Content Ecosystem (DECE) han creado para adaptarse a los tiempos. Microsoft, IBM, Nokia, Samsung y Motorola han mostrado su apoyo a esta idea.

El usuario final podrá consumir cine de manera personalizada y no tendrá el soporte físico, pero sí la posibilidad de acceder a los contenidos audiovisuales mediante streaming (visualización on-line sin necesidad de descargar el fichero) las veces que desee, incluso compartiendo la película comprada con hasta seis amigos. Lo que no sabemos es el papel que jugarán megaupload o rapishare, que han venido ofreciendo este servicio hasta ahora.

Y es que el acuerdo entre todas las partes implicadas es imprescindible, pues no olvidemos que hace ahora tres años se enfrentaron por una parte Sony (que estaba arrasando en Japón con el BluRay) y por otra la alianza entre Toshiba, Microsoft, Paramount y Universal, promoviendo el HD-DVD frente al Blue-ray.Sony no estaba sola en la lucha, sino que tenía el apoyo de Disney y Warner.

Pero la plataforma empieza a priori con un agravio comparativo: iniciará sus emisiones en EEUU, Canadá y Reino Unido, sin fecha definitiva para otros países ¿Tiene sentido esta estratagema en un mundo globalizado sin fronteras? ¿Perdonarán los usuarios esta afrenta? ¿Será demasiado tarde el desembarco en el resto de los países? ¿Reducirán los precios debido a la reducción de los costes? ¿Será esta la solución definitiva? ¿Podremos disfrutar de un formato estable sin temor a perder discotecas y videotecas por guerras comerciales? ¿Parará algún día la carrera de los formatos (video2000, beta, vhs, laserdisc, videocd,dvd, bluRay, dvdhd...?

La cuestión de los contenidos está todavía muy inmadura a pesar de que las grandes compañías están ya demasiado caducas. El temporal se está capeando a base de parches, y estamos lejos de encontrar una solución que satisfaga a todas las partes implicadas.

EL WIFI LLEGA A LA COCINA
12/01/11

En la feria CES de las Vegas se atreven con un pronóstico, no muy descabellado viendo al ritmo que avanza la tecnología de consumo masivo: el desembarco de electrodomésticos con wifi. Actualmente, un 9% de los televisores en EEUU portan esta tecnología, aunque se calcula que en tres años llegará al 50%.

Y después el wifi llegará a lavadoras, microondas, lavavajillas, hornos... ¿y para qué? no sólo para controlar el encendido y apagado remoto (encender el aire acondicionado de casa al salir de la oficina para encontrar la casa fresquita cuando lleguemos). El frigorífico podrá enviarnos un email si nos hemos quedado la puerta abierta o si se ha terminado la caja de leche, incluso podrá hacer por sí sólo la compra a través de tiendas on-line. El horno nos mandará un sms si el pollo comienza a quemarse y la lavadora nos alertará si hay una fuga de agua o, incluso, podrá buscar en Internet cuál es la mejor solución para eliminar una mancha de tomate o vino. ¿Un sueño? sólo el comienzo. LG ya está implementando su software Thinq en todos sus electrodomésticos

MYSPACE ¿UN CAMBIO DE RUMBO EN LAS CC.VV.?
15/01/11

MySpace puede ser considerada la primera gran comunidad virtual de la red. Entre 2003 y 2007 tuvo un ascenso vertiginoso, llegando a los 70 millones de usuarios. Y en los últimos meses se ha visto inmersa en una espiral de cambios: ha cambiado de logo, de aspecto y de jefe. Pero además, no ha escapado de la crisis y ha tenido que despedir a la mitad de su plantilla, tras haber perdido influencia, posición en el ranking de ccvv, lo que ha hecho disminuir los ingresos por publicidad.

Rupert Murdoch, magnate de la Fox, pagó en 2005 585 millones de dólares por el sitio, con el objetivo de hundir la la MTV. Sin embargo sus planes se cruzaron con el ascenso meteórico de Facebook, que ganaba usuarios al doble de velocidad con que MySpace los iba perdiendo.

MySpace es un entorno más completo, más personalizable, permite subir vídeos y música, pero también más complejo. LA gente ha preferido Facebook, que ahora copa el mercado.

La reflexión que podemos sacar de este post es ¿se pueden predecir los gustos de los usuarios? ¿Le ocurrirá a Facebook lo mismo que le ha ocurrido a MySpace? ¿Está condenada la industria de la red a un eterno efecto burbuja?

CUANDO LA BASURA SE DESTAPA, HUELE TODA LA CASA 18/01/11

Julian Assange sigue buscándose enemigos destapando sucias tramas. Un ex banquero suizo, Rudolf Elmer, ha entregado este pasado lunes a WikiLeaks los nombres de 2.000 clientes de entidades helvéticas que presuntamente han utilizado su secreto bancario para evadir impuestos en países como Estados Unidos, Alemania y Reino Unido. Elmer ha declarado en el diario Sonntag que "Los documentos muestran quienes se esconden detrás del secreto bancario para presumiblemente evadir impuestos".

Y al igual que pasó con Assange en diciembre, la fiscalia suiza ha ordenado la detención de Elmer, acusado de violar las leyes de secreto bancario de Suiza.

Una vez más, como si de una lucha marxista se tratara, vemos como los intereses de clase pasan por encima de las fronteras, aunque la verdadera internacional no une al proletariado ni al obrero, sino que son las clases poderosas las que se defienden entre ellas. La fiscaliza suiza no investiga, nunca lo hizo, a los que se amparan en el secreto bancario (un trabajador honrado no necesita estas argucias), sino en la persona que denuncia las irregularidades. Y eso que este caso se trata de una presunta democracia madura. En el próximo post volveremos a habla de wikileaks y sus efectos en otro asunto de actualidad: la revolución tunecina.

REVOLUCIÓN SOCIAL, REVOLUCIÓN DIGITAL
21/01/11

Terminamos el año hablando de wikileaks, y empezamos 2011 con el mismo fenómeno. Este vez nos referimos a la capacidad de la red para destapar tramas ocultas y organizar colectivos sociales, como ha ocurrido en Túnez.

La web de Assange hizo públicos unos cables en los que el Departamento de Estado de EE UU consideraba que era un país enfermo por la falta de libertades y la corrupción. Los diplomáticos describen a la familia del presidente como una "cuasi mafia" que actúa y se enriquece con impunidad.

A pesar de lo triste que resulta la muerte, a lo mucho que ha pasado, se ha escrito, o se ha hablado hay que añadirle que probablemente se trate de la primera revolución gestada y detonada en la red.   Por ello los gobiernos siguen teniendo miedo del conocimiento libre: todos somos sospechosos para los poderosos

ANONYMOUS
25/01/11

En esta nueva lucha de clases que se desvela en Internet, en la que banqueros, gobiernos y grandes empresarios se unen para ocultar sus trapos sucios y actos poco honrosos, no cabe una solución que pase por seguir los protocolos establecidos para un ciudadano cumplidor. Porque el ciudadano cumplidor estaba programado por el sistema para mantener unas pautas continuistas para que el juego se fuera repitiendo como hasta ahora. Para los estamentos de poder, el conocimiento es delito, y por ello han crucificado cualquier intento de progreso social que avanzara hacia una sociedad responsable e informada.

Internet ha favorecido los canales de asociación y coordinación entre colectivos o, al menos, conjuntos de ciudadanos con intereses comunes. Bajo este espíritu cooperativo sin ánimo de lucro, en los últimos meses se ha comenzado a hablar del fenómeno anonymous, como una serie de personas que, a modo de quijotes cibernéticos del siglo XXI, se dedican a desfacer entuertos. Sin líderes, sin caras visibles, una legión de ciberactivistas que se moviliza en la Red. Se hacen llamar Anonymous y dicen luchar por la transparencia, la libertad de expresión y los derechos humanos.

Ante la polémica ley sinde, tumbaron las webs del ministerio de cultura y de la sgae. Ante los intentos homólogos en EEUU, atacaron las webs homónimas en aquel país. Con el fenómeno wikileaks y en apoyo a Assange, tumbaron aquellas webs de empresas que apoyaron la tropelía cometida contra este periodista australiano: visa, paypal, amazon o mastercard, entre otras.

¿Hay otra solución? Si un estado autodenominado democrático no escucha a sus ciudadanos, ¿es legítimo que estos actúen por su cuenta? ¿Sería aplicable el refrán popular quién roba a un ladrón, tiene cien año de perdón? Sea como fuere, Los anonymous, los Robin Hood de la red, van a jugar un papel muy importante en la transición hacía la sociedad red.

OBJETIVO A DERRIBAR: LA COMUNICACIÓN
28/01/11

Hace unos días publicábamos un post llamado revolución social, revolución digital. Y es que no es novedad que los estamentos seculares (iglesia, estado, ejército) no son amigos de la cultura ni de una ciudadanía formada y crítica. Internet es un medio excelente para la rápida propagación de ideas, y por ello está en el punto de mira. En Europa, de manera más sutil, mediante leyes que den cierto margen de maniobra y que justifiquen una censura encubierta. Fuera del mundo occidental, la medidas pueden ser más drásticas.

La revolución tunecina vislumbró una rápida propagación libertaria en el Magreb. Sus líderes huyeron vergonzosamente con nocturnidad y alevosía, y una vez rechazados en Francia, cambiaron el rumbo hacia Arabia Saudí, estado conservador y partidario de un control más férreo del ciudadano.

Pero Túnez ha sido la semilla que se ha expandido y ha comenzado a brotar en el norte de África: primero Egipto y ahora también Yemen. En el primero, su presidente, Mubarak, lleva ya varios días intentando frenar una revuelta popular, más organizada de lo que en esferas gubernamentales se creía. Y como organización es poder, la solución ha sido radical: cortar Internet y la telefonía móvil. Facebook y Twitter han sido los medios más potentes para coordinar a los manifestantes, y habrá pensado Mubarak que muerto el perro, acabaría la rabia. Sin embargo, y a pesar de la complicidad de la UE, EEUU y las compañías de telecomunicaciones, el fin de esta dictadura esta próximo

Porque este tipo de estrategias, ingenuas si se quiere, no pueden parar un movimiento globalizado. En la Europa del siglo XVIII, la Revolución Francesa intentó ser frenada por la iglesia y por otros gobiernos absolutistas, pero fue imposible parar el viento del cambio. En pleno siglo XXI, el diseño de un nuevo planeta global arrastra a las masas, y los gobiernos no van a ser capaces de erradicar esta nueva semilla. Internet ha sido terreno abonado para difundir la buena nueva. Pero es preocupante que por decisión unilateral, una sola persona sea capaz de coartar y colapsar un país entero. Sin embargo, al igual que ha pasado en Europa con leyes restrictivas sobre el uso de la red (Hadopi en Francia o la ley Sinde en España), avanza más rápido el activismo social que el control gubernamental.

CROWDSOURCING: LA INTELIGENCIA COLECTIVA AL SERVICIO COLECTIVO
05/02/11

Una de las maneras en que la tecnología ha cambiado las formas de trabajar es el Crowdsourcing, un neologismo del inglés crowd (masa) y sourcing (externalización), que consiste en externalizar tareas que tradicionalmente realizaba la empresa, para proponerlas a un grupo numeroso de personas o una comunidad (masa), a través de una convocatoria abierta.

Algunas empresas informáticas han utilizado este trabajo altruista y colectivo como producto lucrativo, aspecto mal considerado por los usuarios más avanzados. Si Microsoft ofrece 10.000 dólares a quien encuentre como piratear con éxito sus programas, realmente está buscando que un caro trabajo de auditoría y seguridad sea realizado por un importe ridículo, teniendo en cuenta los beneficios que va obtener con este trabajo colectivo que, posteriormente, será absorbido por la empresa y ofertado como software de propietario. Es decir, toman algo que la comunidad ha realizado gratuitamente y lo ofrecen como propio con ánimo de lucro, penalizando su uso por la comunidad en nombre de los derechos de autor y los royalties.

Sin embargo, si el trabajo crowdsurceado es devuelto gratuitamente a la comunidad ¿sería más ético el uso de esta técnica? Google ha ofrecido 20.000 dólares en el concurso canadiense de hackers Pwn2Own a quien encuentre vulnerabilidades en su navegador Chrome. En este caso, sin la comunidad mejora el producto, es gratificada por ello y, a su vez, el producto mejorado vuelve sin cargo a la comunidad.

Este tipo de colaboración es ejemplo de este cambio de era en el que estamos viviendo, y demuestra una vez más que, por encima de toda la prensa que se le da a veces, la red es un entorno cooperativo y solidario, un escenario social más donde las personas se expandan y relacionan.

DE EBAY AL CIELO
09/02/11

Podemos encontrar de todo en Internet, eso lo escuchamos a diario. Hasta aviones en venta. Un niño de siete años lo encontró en ebay, en venta directa. Un avión Harrier (de despegue vertical) por 69.999 libras (unos 100.000 euros). Y ni corto ni perezoso pulsó el botón de comprar ahora. El susto se lo debieron llevar sus padres cuando se dieron cuenta de que el clic de su pequeño les iba a salir muy caro.

Afortunadamente para ellos, la empresa vendedora fue receptiva a la hora de aceptar las disculpas del padre, y canceló la venta. Aunque también salieron beneficiados, ya que Internet está de moda, y esta noticia saltó a los medios, y la publicidad gratuita que obtuvo la empresa permitió que el avión se vendiera de nuevo, a un precio más alto.

IPHONE TE ABSUELVE DEL PECADO
12/02/11

Patrick Leinen, de la empresa Little iApps, ha presentado un aplicación para Iphone que ayuda a redimir los pecados. Salió a la venta la semana pasada por 1,99 dólares en Itunes, y según Leinen, pretende que los fieles se comprometan con la fe a través de la tecnología digital.

La cúpula de la iglesia católica norteamericana ha dado su visto bueno al invento, pero advierte de que tiene valor orientativo, y que en ningún caso puede convalidar la visita a un sacerdote tradicional. La iglesia católica en Reino Unido aún no ha tomado una decisión.

El Vaticano ha ido dando pasitos para no quedarse atrás en el fenómeno 2.0. Evidentemente, su web lleva ya años en el ciberespacio. Además, en 2007 abrió un canal oficial en YouTube y en 2009 desarrolló una aplicación para Facebook que permitía enviar postales digitales con la imagen del papa. El 24 de enero de este año, en su discurso sobre las comunicaciones mundiales, el papa Benedicto XVI admitió que el uso de la redes sociales no es un pecado per se, permitiendo su uso a los fieles católicos, teniendo en cuenta, eso sí, que "es importante recordar siempre que el contacto no virtual no puede y no debe reemplazar el contacto humano directo con la gente en cada nivel de nuestras vidas".
Imagen: http://www.auladereli.es

ArtProjet, googleando la cultura
15/02/11

18 meses ha empleado Google en recorrer y fotografiar las galerías de 17 de los más importante museos del mundo. Sin salir de casa podemos pasear (al mismo modo que hacemos con GoogleEarth) por sus pasillos y contemplar 1061 obras de arte, acercándonos a cada detalle y disfrutando de cada pincelada.

Una nueva iniciativa gratuita de Google en su afán por recoger todo el saber de la humanidad y ponerlo al alcance de cualquiera, por encima de barreras de tiempo y distancia.

La lista completa de museos en http://www.googleartproject.com/.

MoMA, The Museum of Modern Art, NY City
Freer Gallery of Art, Smithsonian Washington, DC
Museo Reina Sofía, Madrid
Alte NationalGalerie, Berlín
National Gallery, Londres
Gemäldegalerie, Berlín

Palace of Versailles, Versalles, FR
Museum Kampa, Praga
Museo Thyssen - Bornemisza, Madrid
State Tretyakov, Moscú
The State hermitage Museum, San Petersburgo
Rijksmuseum, Amsterdam
Tate Britain, Londres
The Frick Collection, NY City
Uffizi Gallery, Florencia
The Metropolitan Museum of Art, NY City
Van Gogh Museum, Amsterdam

LOS DEBERES EN TUENTI
20/02/11

Están los empeñados en buscar todo lo malo de las comunidades virtuales y, por supuesto, están los entusiastas que se afanan en buscar más utilidades a este nuevo escenario social que es la Red.

El periódico Hoy publica un reportaje sobre un profesor de historia que ha buscado un punto de comunicación más acorde con lo tiempos que corren y los intereses de los jóvenes. Creando un perfil en Tuenti en el que ha ido agregando a sus alumnos, ha utilizado esta herramienta para informar de fechas de exámenes o tares a realizar. Eso sí, pensado de cara a fuera del horario escolar, ya que Tuenti y Facebook están bloqueados en los centros educativos extremeños.

El profe nos pone los deberes en Tuenti
http://www.hoy.es/20110220/local/profe-pone-deberes-tuenti-201102200809.html

EL SOL NO ESTÁ EN FACEBOOK
24/02/11

San Valentín nos trajo una tormenta solar. Pasó desapercibida, como otras que ha habido en los últimos años. Pero los científicos nos advierten del peligro. La sociedad ha cambiado mucho en el último decenio. Actualmente dependemos en exceso de la red de satélites que rodean el planeta y que ha venido posibilitando un cambio tremendo en nuestra manera de vivir

Un tormenta geomagnética podría acabar de golpe con todo esta tecnología ¿Seríamos capaces de volver a vivir como hace veinte o treinta años? ¿Podríamos renunciar al móvil, a Internet, al GPS, al complejo entramado aeronáutico global?

Lo que hasta ahora están intentando muchos gobiernos podría hacerlo en sol en un abrir y cerrar de ojos en el próximo ciclo solar, es decir, desde hoy hasta dentro de once años. Y la pregunta no es ¿cuándo será? sino ¿cómo será?

FOTOS, FOTOS, MÁS FOTOS
27/02/11

Según informa la compañía Pixable, Facebook tiene ya una colección de 60.000 millones de fotografías. Un número escalofriante teniendo en cuenta que la población mundial se aproxima a los 7.000 millones de seres, lo que da una media de 10 fotografías de humano. Ahora sí, no olvidemos lo asimétrico de la riqueza del planeta, que favorece que sólo un 20% de la población consuma el 80% de los recursos. Pero si realmente Facebook tiene algo menos de 600 millones de usuarios, podemos fácilmente calcular que cada uno de ellos almacena por término medio unas cien imágenes. Para elaborar este cálculo, Pixable ha trabajado y extrapolado los datos de 100.000 usuarios, lo que representa una muestra bastante representativa.

Si queremos comparar con otros servidores se demuestra aún más la supremacía de Facebook: Photobucket, 8.000 millones de fotos, Picasa, alrededor de 7.000 millones o Flickr con 5.000 millones de instantáneas queden muy a la zaga. El estudio revela que es en fin de semana cuando más imágenes son subidas a los perfiles y que las que contienen mujeres son las más vistas

IGLESIA Y VIDA DIGITAL
05/03/11

Durante siglos, iglesias y credos han combatido a la ciencia y al conocimiento, pero a la luz de las noticias de los últimos días nos podemos replantear el interrogante ¿religión y nuevas tecnologías son un binomio incompatible? Vamos a tratar de nuevo este tema, del que ya hemos hablado en anteriores ocasiones en este escenario, comentando tres noticias significativas.

A finales de enero el Papa dio su bendición a las redes sociales, porque "satisfacen el deseo de conocimiento" y ofrece "oportunidades sin precedentes para establecer relaciones y fomentar la fraternidad". Benedicto XVI aconsejó el uso de redes sociales como Facebook o MySpace, aunque también advirtió sobre los riesgos de llevar "una existencia paralela". (Para texto completo: mensaje del santo padre Benedicto XVI para la XLV jornada mundial de las comunicaciones sociales, de 24 de enero)

La segunda noticia continúa destacando la apertura (¡Qué remedio!) de la iglesia católica al mundo del siglo XXI. Es la iniciativa de la Compañía de Jesús, que se ha sumado al apostolado virtual afirmando que "las nuevas tecnologías resultan imprescindibles y la Iglesia no puede resultar ajena" según ha explicado el sacerdote José María Rodríguez, coordinador del proyecto. Los internautas que accedan a la web rezandovoy.org (no es broma) tendrán propuesta de oración diarias en formato audio.

Y por otra parte, para mostrar la otra cara de la moneda, el sector más retrogrado de la iglesia, encabezado por el cardenal arzobispo de Madrid y presidente de la Conferencia Episcopal Española, Antonio María Rouco Varela, ha advertido a los jóvenes sobre la atracción de las redes sociales que propician una estilo de vida "virtual" y "vacío" de encuentros y relaciones "verdaderamente personales". Esta joya moralista la ha soltado el jerarca católico durante el discurso inaugural de la XCVII Asamblea Plenaria de la Conferencia Episcopal. A este titular, recogido en varios medios de comunicación esta semana, Rouco Varela ha continuado contando que Internet propaga "fórmulas de vida de todo tipo, sin excluir las menos acordes con la dignidad humana" y expone a los jóvenes "a la influencia desorientadora del relativismo" y del "todo vale".

De todas maneras, estamos viendo en las últimas semanas como varios dirigentes totalitarios ha caído en el mundo árabe, y ya se sabe, cuando las barbas de tu vecinos veas pelar...

INTERNET NOS QUITA EL SUEÑO
08/03/11

Aunque pueda parecerlo, el título de este post no hace referencia al sentido metafórico. Está claro que cada vez más, la gente no puede pasar sin Internet.

Pero vamos a tomarnos el enunciado en sentido literal. Según un estudio publicado por la Fundación Nacional del Sueño en Estados Unidos, ver la televisión, consultar el ipad o el correo electrónico por la noche antes de irse a la cama puede perturbar el sueño. Según su encuesta, un 43% de los yankis entre 13 y 64 años tiene problemas para conciliar el sueño.

David Cloud, director de la fundación, comenta que "mientras esas tecnologías se han convertido en algo habitual, está claro que tenemos que aprender más sobre su uso apropiado y dejarlas al margen para completar unos buenos hábitos de sueño"

RIP: WINDOWS SPACE LIVE
16/03/11

Desde mediados de febrero Microsofts avisó por mail a sus usuarios: Windows Live Spaces desaparecería el 16 de marzo.

Quizá cansados de lidiar una batalla en la que nunca se posicionó en primera línea, la empresa de Bill Gates abandona el ruedo, facilitando la migración de contenidos de la extinta plataforma a WordPress. A esta caída se suma la crisis de otro gigante de las comunidades virtuales, como es MySpace. ¿Nos encontramos ya ante un mercado demasiado copado y maduro? ¿Está pidiendo el usuario otros servicios? ¿o es que el mercado está siendo copado por Facebook?

Habrá que permanecer atentos durante los próximos meses a los movimientos que se produzcan en el tablero.

PORNOGRAPHITY.XXX
18/03/11

En diciembre de 2010 nos hicimos eco de la llegada de nuevos dominios de registro de direcciones web. Dedicamos un post a esta noticia y otro en concreto al dominio xxx.

Pues hoy, tras una semana en la que se han tratado este y otros temas, la ICANN ha dado luz verde al proyecto. Sin embargo, el nuevo dominio cuenta con muchos detractores, por diferentes razones.

Por una parte están los implicados directamente. La industria del porno esgrime dos razones: la transferencia de los dominios actuales será costosa, y aún está por ver la cotización de cada nueva dirección, Y una segunda razón es que serán mucho más fácilmente controlables y, en caso de políticas de censura o restrictivas, se producirán cierres o bloqueos de direcciones con mucha más facilidad. Ya no será necesario ir página por página (como está ocurriendo con las páginas de intercambio de ficheros), sino que bastará con bloquear el dominio .xxx para que toda la industria sea vetada en cuestión de segundos.

Por otra parte, algunos gobiernos y grupos religiosos se han opuesto precisamente por esta segunda opción: a la hora hipotética de una censura, será mucho más fácil localizar estos espacios, pero a partir de pocos días, será mucho más fácil para todos los usuarios el acceso a este tipo de contenidos.

Para concluir, tal vez podamos recurrir al refranero popular y a su sentencia las cosas claras y el chocolate espeso. La industria del sexo existe desde hace siglos y, evidentemente, se ha adaptado a las nuevas tecnologías antes y mejor que gobiernos e iglesias. Pero no es un fenómeno que se haya creado en Internet, sino que existía previamente y ha sabido ver la impronta de la red.

Quizá los sectores más conservadores deberían valorar la imparabilidad del fenómeno 2.0, adaptarse y aprovechar los recursos de los que disponen, en lugar de tratar de crear una nueva inquisición en el siglo XXI, una quema de brujas en la que echar todo aquello que huela a modernidad y cambio.

AHÍ COLE, Y EN TU AIFON ME PLANTÉ
21/03/11

Como época de cambios en la que estamos, la tecnología cambia y los hábitos cambian. Parece ser que un grupo de hackers ha conseguido acceder al iPhone de Scarlett Johansson y se han apropiado de fotos "comprometedoras" de la actriz. Este hecho se ha producido en otras ocasiones y la ha ocurrido a otras personas como Vanessa Hudgens o Miley Cyrus, y puede que a Selena Gómez o Jessica Alba, según informa la web tmz.com .

Evidentemente, el FBI se siente desbordado ante este tipo de acciones, que parece ser, se producen más por el reto que por robar o lucrarse con lo hecho. Son difíciles de resolver y la solución tal vez vaya más por la alfabetización tecnológica que por castigar a aquellos que son capaces de traspasar las normas impuestas por una código legal decimonónico incapaz de comprender un nuevo mundo no tangible.

LA ILEGALIDAD DE UN CANON LEGALIZADO
24/03/11

La Audiencia Nacional ha anulado en el día de hoy las tarifas del canon digital, entendiendo que la orden ministerial que lo regula está afectada de "vicio radical".

La amiga de la sgae, es decir, la ministra de cultura no está muy de acuerdo, al igual que la propia sgae, que ha instado al gobierno a regular con urgencia el canon digital. Ante esto, cabe preguntarnos ¿debe el gobierno actuar con tanta urgencia? ¿no se actuó ya en 2008 con prisas al aprobar una orden ministerial que los tribunales han considerado alegal?

Porque, no olvidemos, el cobro del canon ahora declarado ilegal,   ha supuesto el ingreso de grandes cantidades de dinero para algunos particulares durante los dos últimos años

¿debe el gobierno de una nación seguir luchando a capa y espada por una batalla sobre la que los tribunales ya han decido?

Pensar en el origen de esta obcecación por parte del PSOE, nos hace retroceder a tiempos más antiguos, ya que en vez de hablar de canon, es más correcto hablar de impuesto revolucionario o de tasa para limitar el desarrollo de la sociedad red. El canon ha sido un derecho de pernada que Zapatero ha otorgado a la sgae sobre la sociedad civil de este país.

Y para terminar, si el canon es ilegal ¿el dinero que se ha embolsado la sgae puede considerarse como robo? ¿Cómo podrá el usuario reclamar las cantidades que le han sido retenidas ilegalmente en estos dos últimos años?

ERES UN HIJO DE FEISBUC
26/03/11

Algunos usuarios han tomado las comunidades virtuales por un gallinero. Facebook, como producto estrella de la revolución 2.0 está en el punto de mira de todos los desarrolladores, y los creadores de About Everyone ha creado una web donde cualquiera puede insultar anónimamente a cualquier usuario de Facebook ¿complicado? Tan fácil como entrar en www.abouteveryone.com, anotar la dirección de usuario-objetivo, introducir la misiva en el cuadro de diálogo y pulsar sobre enviar ¡Alea iacta est!

CONGRESO COMUNICACIÓN SOCIAL Y EDUCACIÓN: CIBERANTROPOLOGÍA
28/03/11

Hoy comienza en Cáceres el Congreso Comunicación Social y Educación. Se tratará el tema de la sociedad 2.0 y los avances que las TIC han aportado a nuestras vidas.

En horario de tarde, mi comunicación versará sobre la pertinencia de las ciencias sociales a la hora de investigar los cambios que las nuevas tecnologías están provocando en las vidas de los seres humanos, que en algo menos de dos décadas han integrado el uso de Internet hasta el punto de convertirlo en algo cotidiano e imprescindible. El acceso ha sido relativamente lento, pero muy sólido, de tal manera que ahora es inconcebible prescindir de su uso (para una persona ya iniciad, claro)

Congreso Comunicación Social y Educación: Mapa de las comunidades virtuales
29/03/11

Segundo día de congreso. Además de la comunicación de ayer, los dos días ha estado el póster, en formato digital, "Mapa de las comunidades virtuales" que clasifica 101 comunidades virtuales ¿por qué 101? Por superar la centena, y por ser el primer número primo con tres cifras y, sobre todo, porque en algún punto habría que parar.

Por lo tanto, no están todas las que son, y tal vez haya quien diga que no son todas las que están, pero hemos aplicando un objetivo claro a la hora de identificar una comunidad virtual:

- Un espacio donde sus usuarios pueden interactuar y compartir documentos (fotos, vídeo, textos...)
- Cada usuario tiene un nombre y un perfil personalizable (identidad digital): el avatar
- Es posible expandir la red de contactos (a través de sugerencias por compatibilidad a partir del sistema o bien a través de contactos de contactos)

ROBOS EN RED
02/04/11

Hace unos días hablamos de la invasión en los Iphones de los famosos para robar fotos. Pues ha sido otra vez en Estados Unidos, donde un ciberrobo salió a la prensa el pasado sábado.

Una empresa especializada en el envío de correo comerciales (sí, las que nos llenan el buzón cada día) sufrió un robo de una base de datos con miles de cliente. La empresa, llamada Epsilon (www.epsilon.com) trabaja para terceras empresas, como supermercados Target y Best Buy, las financieras Capital One y Citigroup, los hoteles Marriott y la telefónica Versión entre otros (trabaja con unos 2.500 clientes).

Los piratas se han hecho con los datos de millones de usuarios (nombre, direcciones de correo y empresas con las que trabajan). Ahora lo ciberdelincuentes podrán realizar maniobras de phishing (en el próximo post explicamos de qué se trata)

PHISHING
07/04/11

El phishing (en inglés, pesca) es un delito cibernético consistente en obtener datos sensibles (generalmente bancarios) mediante la aplicación de la ingeniería social. Esto es, convencer al usuario para que facilite sus datos de acceso, y una vez hecho esto, el pirata puede tranquilamente operar con la cuenta corriente del incauto navegante. A veces se habrá sorprendido por recibir un correo de un banco que no es el suyo, solicitando que acceda a su cuenta, pero ¿sería capaz de distinguir un fraude de una petición real de la entidad bancaria con la que trabaja frecuentemente?

Normalmente se hace enviando correos electrónicos en los que se solicita, en nombre de una entidad bancaria, el nombre del usuario y la contraseña del cliente.

Como los bancos han prevenido a diestro y siniestro sobre la necesidad de no facilitar datos a terceros, y que ellos nunca pedirían estas coordenadas de manera telemática, los phishers han mejorado la técnica, pidiendo al cliente que acceda a una página web, idéntica a la de la entidad, donde se pide que se ingrese lo datos.

La ventaja de este tipo de delitos es su facilidad (es muy fácil obtener direcciones de correo, sobre todo en los mensajes en cadena) y su bajo coste. De los miles de correos enviados, coincidirá en algunos casos que el receptor sea cliente de la agencia suplantada, y de entre éstos, alguno caerá en la trampa. Mucho más fácil es contando con una base de datos en las que estén especificadas las entidades y miles de correos de sus clientes (tal como contábamos en el anterior post)

MÚSICA, CINE Y TV EN INTERNET
10/04/11

"Los programas de intercambio ilegal de archivos exponen a los usuarios a peligrosos contenidos no deseados, como virus, pornografía o imágenes violentas".

Así comienza la guía "para padres y profesores" creada por la ONG Childnet International y editada en castellano a iniciativa de Promusicae. El objetivo de la publicación es que "los educadores puedan debatir con los jóvenes sobre la correcta utilización de la red y las nuevas tecnologías".

Parece ser que tras el revés del canon digital, las empresas que se enriquecen a costa de los autores van a intentar por el convencimiento el derecho de pernada que los tribunales le han negado

INTERNET: LA PESTE
12/04/11

Negroponte hablaba de los integrados y de los apocalípticos, según la aceptación o rechazo de cada cual hacia las nuevas tecnologías.

En pleno siglo XXI, cuando las propagandas electorales nos hablan de la política 2.0, las opciones más conservadoras, arremeten contra el motor del desarrollo de la sociedad futura. Miguel Celdrán, alcalde de Badajoz, se ha despachado a gusto, diciendo que Internet es la "peste" y que o "se mete mano y se ordenan las cosas o va a ser el quinto jinete del Apocalipsis".

Efectivamente, tal y como comentábamos hace unas semanas tras las declaraciones de Rouco Varela, hay ciertos núcleos de poder tradicional que ven en la liberación de la red un potencial enemigo, ya que el conocimiento es la principal amenaza de los sistemas tradicionales.

EGOFACEBOOK: DEL PAPEL A LA RED, DE LA RED AL PAPEL
15/04/11

Inicialmente, y literalmente, el facebook era el libro de caras, un anuario escolar. Un libreto donde se recogían los datos de todos los alumnos de un colegio y los eventos anuales en los que participaba la institución. Una orla, pero más completa.

Cuando Facebook dio el salto a Internet se hizo digital, y se convirtió en unos de los pilares de la sociedad 2.0. Ahora vuelve a hacerse en papel. La aplicación EgoBook permite, por un precio entre 30 y 45 dólares, recoger todas las fotos, comentarios, amigos y eventos de un usuario y convertirlo a formato papel.

PC CITY CIERRA SUS PUERTAS
18/04/11

El florecimiento de la sociedad digital necesitó de una infraestructura comercial de grandes dimensiones. Ante un mercado nuevo y creciente, multitud de pequeñas tiendas, de franquicias y de grandes superficies especializadas proliferaron en nuestro país, buscando su hueco ante millones de consumidores deseosos de entrar en la categoría de ciudadano informatizado.

Pasamos en pocos años de aquellos equipos de sobremesa que parecían armarios, ya fueran de marca o clónicos, a equipos más reducidos, algunos atreviéndose con diseños atrevidos (influencia Apple, se entiende). Después hubo que desechar todos estos equipos para migrar hacia ordenadores portátiles, ya fueran de 15", 17" o los recientes notebook o netbook.

Pero todo crecimiento en burbuja tiene un final explosivo. En pocos años han ido cayendo todo este tipo de negocios, dado que los servicios que ofrecían (personalización, montaje, servicio técnico...) tienen poca razón de ser con la venta de equipos portátiles estandarizados y con configuraciones casi cerradas, con servicios técnicos centralizados y poca personalización por parte del usuario.

Recientemente, uno de los gigantes europeos de la informática, PcCity ha anunciado que abandona nuestro país, como ha venido haciendo en algunos países de Europa del este desde que comenzó la recesión económica. No se trata de una profunda reforma como la que acometió en 2009, sino de un cierre de todas sus tiendas en España, lo que dejará a casi 1300 personas en el paro.

¿Seguirá sus pasos MediaMarkt o respirará al desaparecer su principal consumidor? ¿Es sólo consecuencia de la crisis o es que lo hogares están saturados de equipos informáticos y es inviable un crecimiento como el actual? ¿Es una señal para que los mercados se planteen sus métodos salvajes de producción? La respuesta en los próximos años.

MOODING, TUNEANDO EL PC
21/04/11

Aprovechando que comenzamos minivacaciones (o macropuente, según se mire) vamos a comentar un tema de no mucha actualidad, pero que sigue siendo practicado.

El usuario de PC siempre ha mirado de reojo a los equipos de Apple, con un diseño más vistoso. Los equipos compatibles (clónicos o ensamblados por una marca reconocida) tardaron mucho tiempo en escapar de su diseño tosco y poco glamouroso. Aquellos enormes cajones en color gris PC ocuparon despachos, oficinas y hogares, durante mucho tiempo. Algunas marcas se atrevieron a comercializar equipos de color negro, y esa fue su máxima innovación a la hora de perseguir el aura de glamour que rodea a los equipos de Apple.

Algunos usuarios comenzaron a modificar sus equipos, lo que se ha dado en llamar mooding. El mooder es usuario que realiza esta serie de cambios basados en la mejora estética del equipo. Así, las torres se llenan de colores vivos, ventanas de metacrilato dejando entrever su interior, potentes leds o neones que iluminan el interior de las cajas, colocación de rejillas, logotipos... lo que viene a ser el equivalente del tuning en el mundo de los coches.

¿Es esta práctica una forma de reafirmar una identidad como usuario o sólo una forma de personalizar los equipos? ¿hay una relación entre la identidad digital que mostramos en la red y la estética del equipo que solemos utilizar?

SIGUIENDO LOS PASOS DE FACEBOOK Y TWITTER
25/04/11

Adidas tiene en el marcado dos zapatillas conmemorativas de Twitter y Facebook. Los más fieles a alguna de estas comunidades virtuales podrán lucirlas y mostrar su predilección por el mensaje corto, o marcar el me gusta de Facebook.

Sea como fuere, este es un ejemplo más de cómo la web 2.0 ha calado fuerte en la sociedad, y está cambiando nuestros hábitos, hasta los de vestir y calzar. Aunque para terminar, nos podríamos plantear una pregunta: ¿Se pueden dar más de 140 pasos con las de Twitter?

ODIO A FACEBOOK
28/04/11

Como en la red todo tiene cabida, no sólo los más de 500 millones de amigos de Zuckerberg tienen su hueco: los desencantados y enemigo de la popular red social también pueden darse cita en www.odioafacebook.com, una simpática página donde en tono de humor a veces, y en otros momentos con ácida crítica, se ponen en tela de juicio el uso y abuso que se viene haciendo de la original.

MI NOMBRE ES BUK... FACE BOOK
04/05/11

El fundador de Wikileaks, Julian Assange, considera que los internautas exponen una considerable cantidad de datos personales en redes como las de Yahoo! o Google que pueden ser utilizados por los servicios de espionaje. Opina que la base de datos que acumula la famosa red social Facebook es "la máquina de espionaje más horrorosa jamás inventada", y que muestras de su poder es la obsesión de los gobiernos por controlar su uso.

E-BOOKS EN TARIFA PLANA
07/05/11

El gobierno francés, que hace poco reconoció haberse equivocado con el impuesto digital imperante en el país vecino, pretende fijar un precio único para los libros electrónicos, tanto nacionales como internacionales, en las webs francesas y en las extrajeras que vendan en el país (Amazon, Google, Apple o cualquier otro). Difícil asunto que choca frontalmente con la legislación europea, según la cual un país no puede decidir sobre empresas ubicadas en otros estados miembros. Más difícil aún si tenemos en cuenta que la mayores librerías on-line tienen sede en EE.UU.

Como medida aplaudible, el 19,6% de TVA (nuestro IVA) actual bajará al 5,5%, como los productos de primera necesidad. Esta reducción también ha sido solicitada por los editores en España, ya que actualmente se grava al libro electrónico como si fuera un ordenador en lugar de un bien cultural.

PERIÓDICOS A LA BASURA
11/05/11

Meses después de que las filtraciones de WikiLeaks sacudieran las entrañas de numerosos estados, Julian Asange afirma que publicaron informes "confidenciales", pero no "top-secrets", y afirma que las vergüenzas no están en los informes ni en su web, sino que están en la calle.

Además, arremete con el periodismo actual y con varios medios: "en mi opinión, los medios, en general, son tan malos que debemos preguntarnos si el mundo estaría mejor sin ellos". Afirma que las colaboraciones con The Washington Post o El País fueron positivas y, por el contrario, critica la gestión de la información sobre los cables filtrados a Wikileaks por parte de The Guardian o The New York Times.

DOS HORAS EN LAS REDES SOCIALES
14/05/11

Muy Internet, aprovechando una noticia publicada en el blog Cisco sobre el movimiento que se produce durante dos horas en las comunidades sociales generado esta noticia:

Twitter: Durante dos horas en el microblogging se registran 5,4 millones de tweets y 25.000 nuevos usuarios

Facebook: En la red de Mark Zuckerberg se realizan nada menos que 5 millones de actualizaciones de estado en tan sólo 2 horas.

Youtube: En la famosa comunidad de videos se suben 2.880 horas de vídeo y se ven 167 millones de reproducciones cada 2 horas.

ITunes: La plataforma musical va tan bien como en la venta de sus dispositivos, ¡se compran 334.000 canciones!

Bing: El buscador registra alrededor de 6 millones de búsquedas durante dos horas.

Google: El gigante de la red registra la friolera de 242 millones de búsquedas en dos horas.

Yahoo: Mientras Yahoo ha de conformarse con 24 millones de búsquedas..

DEL GUAU-GUAU AL TWEET-TWEET
17/05/11

En su búsqueda insaciable de usuarios, Twitter se ha lanzado a la caza de twitteros caninos. Cómo? Mattel ha diseñado el Puppy Tweets, un collar que, colgado al cuello de la mascota, recibe los sonidos y los movimientos de ésta. El collar emite una señal que es recibida por un dispositivo conectado al ordenador por un puerto USB, y las señales son interpretadas por el software y convertidas en Tweets, de manera que el amado amo pueda recibir mensajes del tipo "estoy ladrando", "estoy corriendo por el salón" o "estoy dormido" (Si el sensor no detecta movimiento en mucho rato). Eso sí, hay que abrirle una cuenta de usuario, ya que de momento no tenemos a nuestro alcances conexiones a Internet para perros, aunque todo se andará.
http://puppytweet.com/

E G8 FORUM
24/05/11

Dans quelques instants, vous allez officiellement ouvrir ce Forum dont vous avez pris l'initiative. Vous avez voulu qu'Internet soit inscrit à l'ordre du jour du G8 qui se réunit dans deux jours à Deauville sous votre présidence.

Así comenzaba Maurice Lévy el discurso inaugural del eG8 Forum, dos jornadas previas a al encuentro de las ocho economías más poderosas del mundo –el G8- que se celebra hoy y mañana, 24 y 35 de mayo- en París. Bajo la tutela de Sarkozy, se incluye por primera vez el debate sobre el futuro de Internet en este foro. Representantes de diversa empresas, entre las que no podía faltar Facebook, han intercambiado sus puntos de vista con las altas esferas políticas, entre ponencias y talleres.
http://www.eg8forum.com

IRANET: MUERTO EL PERRO SE ACABÓ LA RABIA
30/05/11

Como bien sabemos, los estados, unos más que otros, unos más directamente y otros más sutilmente, no son amigos de que sus pueblos tengan acceso al conocimiento. El poder no es amigo del libre conocimiento, ni de una ciudadanía crítica y formada. China, Corea del Sur, Cuba, Arabia Saudí, Siria, Turkmenistán, Vietnam, Uzbekistán... son otros países que el Comittee to Protect Journalists (CPJ) y Reporteros sin Fronteras (RSF) tienen en el punto de mira de sus denuncias a la hora de no respetar la libertad de expresión (ni en la red ni en la calle)

Pues Irán ha dado en el clavo. Para evitar que se le acuse de censurar páginas de Internet, ha decidido tirar por la calle del medio: en vez de censurar, se suprime Internet y todos contentos. Mientras los ciudadanos de Tunez, Egipto o Libia, entre otros, se valían de Internet para coordinarse   para derrocar las dictaduras que gobernaban sus países,   el director de telecomunicaciones de Irán, Reza Bagheri, anunció que pronto el 60% de los hogares del país y de los negocios tendrían acceso a una red interna de comunicación. Y que en dos años la red cubriría todo el país. Sólo los bancos y grandes compañías tendrían Internet, para no cortar los negocios con el exterior.

Además de su propia red, están desarrollando un   sistema operativo propio, para no depender de microsoft y, mucho menos, del software libre (no olvidemos que son alérgicos a esta palabra) Según el presidente Ahmadineyad, "la red interna fortalecerá el país y preservará nuestra sociedad de la amenaza de invasiones culturales"

ROCKMELT, EL NAVEGADOR SOCIAL
05/06/11

Facebook ha abierto un nuevo frente de batalla y entra en la guerra de navegadores que mantienen Internet Explorer, Firefox y Chrome. Mark Zuckerberg se ha aliado con Rockmelt para lanzar un navegador web que integra más de 30 funciones de la red social, como incluir un botón para compartir directamente en Facebook, además de permitir una conexión más fácil con otras plataformas de la web 2.0 como Twitter o YouTube.

Parece ser que 'Rockmelt 3.0', que así se llama el invento, está destinado a convertirse en el navegador social por excelencia y, viendo el éxito de todo lo que toca Mark Zuckerberg, tiene serias posibilidades de copar los primeros puestos y llevarse el gato al agua.

FACEBOOK PIERDE USUARIOS EN EEUU
10/06/11

A principios de este mes Facebook estaba en 687 millones de usuarios. Buena marcha, pues hace un año, cuando se estrenó la película "la red social", el póster de la misma anunciaba "para tener 500 millones de amigos tienes que tener algún enemigo", de lo que se desprende un crecimiento en número de usuarios del 40%.

Sin embargo las alarmas han saltado en la sede Facebook: la mayor parte de los usuarios preceden de países con cierto aislamiento y retraso respecto a la facebookmanía, como India o Brasil, frente a un descenso del número de usuarios en los países ya "conquistados". y es que, desde principios a finales de mayo, el número de usuarios norteamericanos activos (los más representativos en esta red) ha bajado de 155 millones a 150. Igualmente Canadá ha perdido 1,5 millones de usuarios y países europeos como Reino Unido o Noruega han perdido unos 200.000 "amigos".

Fuente: Informe de Inside Facebook Gold

LOS FAMOSOS ANONYMOUS
13/06/11

Parece ser que el movimiento Anonymous quiere salir del anonimato. En dos días han vuelto a tomar posiciones de cabecera en los medios de información tradicionales. Si hace tres días la policía nacional daba la noticia de haber desmantelado la cúpula de la organización, al día siguiente, esta asaltó la web institucional www.policia.es para demostrar que no estaba tan tocada como habrían pretendido hacernos creer.

El movimiento Anonymous ha defendido la libertad ciudadana y ha pasado a la acción tras las manifestaciones pacíficas de los indignados en varias ciudades españolas que en algunos casos han sido reprimidas por una exagerada violencia policial. Del mismo modo, han comunicado que es absurdo que la policía hable de cúpula, pues ellos afirman ser un movimiento horizontal, sin líderes

HACKEAR ESTÁ DE MODA
16/06/11

El grupo de piratas informáticos Lulz Security ha asegurado, a través de un mensaje en Twitter, que ha atacado en la noche del miércoles la página web de la CIA, que estuvo caída durante unos momentos. También se han atribuido ataques a la página del senado estadounidense, de Nintendo y de Sony. Por ello, están siendo buscados por el FBI, mientras que la CIA resta importancia al ataque, no sabemos si porque realmente no ha sido importante o por pundonor. El gobierno de EEUU ha estado acostumbrado a los conflictos, sobre todo en campo ajeno, aunque ha recibido ataques en su propia casa. Pero lo que debe doler más es que un grupo de ciudadanos del propio país sean los que están luchando contra la "honra del imperio".

Por otra parte, Anonymous ha atacado más de 50 sitios del Gobierno de Malasia en represalia por haber censurado Wikileaks y sitios de descargas. Y hace unos días se atrevió con la misma OTAN, cuando esta institución condenó los ataques informáticos a la web de la policía nacional española. Anonymous advirtió al organismo transnacional que no les amenace en un texto que concluía diciendo "no nos teméis porque seamos una amenaza para la sociedad. Nos teméis porque somos una amenaza a la jerarquía establecida".

LA RED CONSTITUCIONAL
27/06/11

Los tiempos están cambiando, en algunos sitios. Mientras en España las instituciones se empeñan a mirar hacia otro lado cuando las voces de la ciudadanía piden cambios, países como Islandia apoyan el potencial de Internet como canal de comunicación con sus ciudadanos.

A través de las redes sociales más habituales, Facebook, Twitter, YouTube y Flickr, el gobierno islandés está intentando un boceto de democracia 2.0, dando voz a sus ciudadanos, que han acogido con interés esta iniciativa. Quizá esta sea una vía genuina hacia la política 2.0, y no un blog del político de turno, escrito por los asesores de prensa, como suele ocurrir por nuestras latitudes.

Si te animas con el islandés, visita http://stjornlagarad.is/

SGAE: EL CAZADOR CAZADO
01/07/11

La SGAE ha sabido grajearse, durante los últimos años, el odio de los internautas españoles. Amparados por un gobierno que debía favores al mundo del espectáculo, se han enriquecido en nombre de la cultura, de la que se auto-erigieron paladines y salvadores,

Con esta detención podemos poner en tela de juicio "tan loable oficio". El dinero llama al dinero, y la avaricia los llevo a exigir cánones de dudosa legitimidad y, que a posteriori, los tribunales europeos consideraron ilegales.

Señor Bautista y demás miembros de la SGAE, señora Sinde ¿Quiénes son los piratas? ¿Quiénes son los delincuentes?

OBAMA, UN MUERTO MUY VIVO
07/07/11

En el Twitter de la cadena Fox (@foxnews), lobby conservador muy crítico con Obama, se ha podido leer este mañana una noticia que ha creado un gran revuelo: el presidente norteamericano ha recibido dos tiros, uno en la pelvis y otro el cuello. Al mismo tiempo, pedía que se hicieran llegar las condolencias a la familia del presidente, y desear suerte al vicepresidente.

La noticia ha llegado en una fecha muy simbólica: hoy es 4 de julio, fiesta nacional de los Estados Unidos. ¿Qué hay de verdad en la noticia? Nada. Parece ser, o eso afirman los responsables de la cadena, que su cuenta de Twitter ha sido hackeada. ¿Puede una cadena de esas dimensiones no contar con un protocolo de seguridad informática?

MYSPACE PIERDE SPACE
08/07/11

Comentábamos en enero que MySpace estaba tocada. Una de las primeras redes sociales populares, que alcanzó en la primera mitad del pasado decenio una cifra millonaria de usuarios, y que se impuso como el espacio en que no podía faltar ningún grupo musical que se preciase.

Hace seis años, News Corporations, la empresa de Rupert Murdoch, la compró por 580 millones de dólares. Desde entonces, la empresa comenzó a deshincharse. Hace dos años contaba con 1500 trabajadores, ahora cuenta con 500, de los que casi la mitad serán despedidos en breve. La fuga masiva de usuarios a Facebook ha ido desgastando la imagen, y los ingresos, de MySpace. Un uso más complicado y una imagen más compleja y farragosa ha podido ser su mayor pecado.

En una operación nefasta, la anterior propietaria del espacio web lo ha vendido a Specific Media por 35 millones de dólares, si bien Murdoch esperaba hacerlo por 100.

PARTIDO ANTI-POWERPOINT
12/07/1

El panorama político europeo se está diversificando en sus minorías. Hemos visto aparecer agrupaciones dispuestas a defender y a abordar las más dispares propuestas. Hemos conocido partidos a favor o en contra de los toros, o a favor de la legalización de la marihuana.

La influencia del fenómeno digital también ha hecho que aparezcan partidos con reivindicaciones para el ciberespacio o, al menos, para cultura informática (on-line u off-line). El partido Pirata quizá fue el pionero, consiguiendo en los países escandinavos un importante apoyo que culminó en representación parlamentaria.

Ahora en Suiza se acaba de registrar el Partido Anti PowerPoint, refiriéndose como tal a todos los programas de presentaciones, no sólo al software de Microsoft. Argumentan que el ciberespacio está aburrido de tediosas presentaciones y al mismo tiempo arremeten contra esos conferenciantes que se empeñan en poner presentaciones para ilustrar sus charlas para que después el evento se limite a leer las frases que se repiten proyectadas en la pantalla. Por lo demás, no tienen ninguna reivindicación política.

http://www.anti-powerpoint-party.com/

SGAE: CORRUPCIÓN ORDEÑANDO LA VACA 2.0
16/07/11

Libres de toda sospecha, numerosos "artistas" salieron en defensa de su presidente. Era popular entre algunos sectores de las SGAE por su capacidad recaudatoria, lo que generaba pingüe beneficio para algunos. Incluso se atrevieron a poner en tela de juicio el juicio de lo jueces. Otros, la mayoría, no se beneficiaban de tan magnífica generosidad, y han permanecido en silencio, sobre todo porque los lobbys mediáticos de nuestro país no les dan voz.

Sin embargo, a medida que se va destapando la trama y aparecen nuevos datos vemos cuál es el arte de algunos de los más acérrimos defensores del señor Bautista ¿Con qué dignidad volverán a subir a un escenario? ¿Tendrán la desfachatez de llamar pirata a una persona que se ha descargado un disco cuando ellos ha robado millones de euros? ¿Actuará el sistema judicial con la misma contundencia con la que juzgaron a las empresas denunciadas por estos personajes?

¿ES INTERNET POCO ECOLÓGICO?
20/07/11

En un estudio presentado por la Agence de l'Environnement et de la Maîtrise de l'Energie (ademe.fr) se critica la emisión de C02 que se genera al usar Internet. La agencia, perteneciente al gobierno francés, es bastante parcial en su juicio. Alega que cada trabajador francés, desde su puesto de trabajo, recibe una media de 58 correos diarios y envía 33. Dando a cada correo un valor de un mega, afirma que la emisión per cápita de CO2 es de más de 100 kilos al año.

Ahora bien, sería necesario tener en cuenta no sólo la repercusión mediática de este uso de la red, sino también cuál sería la carga correspondiente si no existiera la red: el transporte de la carta por carretera-tren, el gasto en papel o la electricidad del fax.

No obstante, con esta noticia se demuestra que el valor de una investigación no lo da ni su rigurosidad, ni su veracidad ni su necesidad, sino el momento mediático y el dinero que haya detrás.

INTERNET ABIERTO VS INTERNET CERRADO
24/07/11

Joichi Ito, visionario japonés y nuevo director del MIT MediaLab afirma que "el mundo abierto superará finalmente el sistema cerrado de Apple". Este defensor del software libre no entiende la red con el sello de la manzana, a pesar de que los productos de esta empresa (Ipod, Iphone, Ipad, Itunes...) gozan de una salud envidiables y unos ingresos al alza, burlando la crisis y la piratería que utilizan como coartada los "artistas" que ya no producen ideas.

No obstante, el sueño de Ito es hermoso, pero nos lleva a plantearnos una cuestión: si no hay apoyo o interés económico de las empresas ¿Quién va a financiar la red?

EL MANZANO DE ORO
28/07/11

Apple sigue arrojando datos positivos que desmontan de nuevo ese circo que la SGAE y medios afines han pretendido montar. Internet no va acabar ni con la música ni con el cine, simplemente va a hacer que el dinero y el negocio cambien de manos. Lo que antes se vendía y ahora no se hace en una tienda física, se consigue en Itunes.

Su tienda de aplicaciones alcanzó los cinco mil millones de descargas en junio de 2010. En enero de este año ya sumaba 10.000 millones y recientemente ha alcanzado los 15.000 millones. Apple ha agradecido en un comunicado el trabajo de los desarrolladores que han creado 425.000 aplicaciones para los 200 millones de usuarios del sistema operativo de Apple.

APPLE PIERDE EL JUICIO
31/07/11

Llevamos dos post consecutivos hablando, para bien, de la empresa de Steve Jobs. Sin embargo la noticia de hoy no es tan buena.

Apple ha exigido a Amazon que retire el término Appstore porque crea confusión con su marca, y ha llevado el caso a los tribunales en USA. De acuerdo, Apps recuerda a Apple, pero Apps no deja de ser la palabra inglesa para referirse a las aplicaciones informáticas. De esta manera, los jueces no han tomado muy en cuenta el enfado de Jobs y han pospuesto el juicio para el próximo año.

La denominación de estas tiendas también es motivo de conflicto en Europa donde Microsoft, Nokia, HTC y Sony han solicitado a la oficina comunitaria de marcas que se oponga al uso, por parte de Apple, del término AppStore por considerarlo un genérico. Apple se ha mostrado perpleja ante la iniciativa de Mcrosoft de subirse al carro, pues la empresa de Bill Gates tiene registrado un nombre también demasiado genérico: Windows.

Pero lo absurdo de las patentes es, que si nos pusiéramos exquisitos, la palabras windows ni apple podrían ser utilizadas.

REDES SOCIALES ¿PARA QUIÉN?
04/08/11

Nos han venido vendiendo la moto de lo bueno de las redes sociales y de los beneficios que nos aportan. Como usuario y aficionado a las nuevas tecnologías, estoy de acuerdo con la bondad de estos sistemas y creo que es necesario para un ciudadano inserto en una sociedad cada vez más digitalizada, pertenecer a estos entornos.

Sin embargo, en Virginia y Missouri (sí, tenía que ser en EE.UU) se están replanteando en cierta manera la posibilidad de ciertos colectivos a estar presentes en las comunidades virtuales. Concretamente son los profesores los que están en el punto de mira de la regulación de acceso a estos servicios digitales.

El gobernador de Missouri ha firmado un proyecto de ley que prohíbe a los estudiantes y sus profesores mantener contactos a través de las redes sociales. La "Amy Hestir Student Protection Act," entrará en vigor el próximo 28 de agosto. La idea de la ley es evitar el acoso digital, pero ¿Se va a revisar toda la actividad de los docentes en la red? ¿Puede servir esta ley como pretexto para coartar la libertad de las personas en un país democrático? Si se lleva a cabo este control ¿Sería más ético que el control efectuado en países como China o Cuba y que siempre ha sido criticado por EE.UU?

Está claro que al ser un país-continente, cabrán muchas y diversas opiniones entre sus diversos estados, unos más progresistas, otros menos. Pero teniendo en cuenta que nos encontramos ante estados más conservadores y, por pura analogía de casos ¿se habrán planteado prohibir a los sacerdotes dar misa delante de menores, habida cuenta de los casos de pederastia en el clero?
http://www.allfacebook.com/missouri-bans-teacher-student-friendships-on-facebook-2011-08

PRIVACIDAD EN RED
18/08/11

Uno de los problemas con los que nos enfrentamos a la hora de manejar dispositivos de última generación, o de navegar en comunidades digitales, es la privacidad. Realmente, el usuario anda perdido en estos temas y muchas veces es incapaz de discernir lo que quedará en una esfera privada y lo que trascenderá al ámbito de lo público.

En Corea del Sur, Apple se enfrenta a una demanda multitudinaria. Casi 27.000 ciudadanos de este país han denunciado a la empresa de la manzana por el registro de sus movimientos geográficos con el Iphone y el Ipad3D. Parece ser que el dispositivo graba los movimientos y los puntos de acceso durante el último año de uso en un fichero oculto.

¿El impulsor de la demanda? Un magistrado de este país que interpuso la denuncia en solitario y obtuvo uno indemnización de 647 euros.

¿QUÉ ES APPLE SIN JOBS?
25/08/11

Steve Jobs abandona el barco. El conocido consejero delegado de Apple, en baja desde enero, ha dimitido, dejando su cargo, que será ocupado por Tim Cook, hasta ahora director de operaciones. Jobs, no obstante, ha ofrecido su colaboración para seguir colaborando con la empresa, pero desde un puesto más distante, que no le obligue a estar pendiente a tiempo completo de la empresa.

Sin duda Jobs, unos de los ceos más mediáticos del panorama digital, ha encaramado a Apple en una posición privilegiada, con una envidiable gestión económica y unos beneficios más que jugosos, a pesar de la tremenda competencia que existe en este mercado. A través de unos productos emblemáticos (Iphone es el SmartPhone por excelencia, Ipod es el reproductor de mp3 más codificado y el Ipad es la tableta por antonomasia) y una imagen muy cuidada, ha conseguido que una legión de fieles sigan al detalle las novedades de la marca, y se disputen la posesión de sus lanzamientos desde el mismo día de su puesta en venta.

La imagen de Apple es inconfundible y se ha hecho cotidiana en el mundo del celuloide, donde hablar de tecnología es casi siempre hablar de la marca de la manzana. Así se ha asociado Apple a exquisitez, y lejos de ser una marca exclusiva como era en sus inicios, es una marca con una imagen cuidada que hace que sus seguidores permanezcan fieles a ella, una actitud que no es la habitual en este difícil mercado tecnológico.

JÓVENES, RICOS Y MUY PODEROSOS.
04/09/11

Las listas de popularidad están de moda y las revistas que se precien de estar en la onda, no pueden dejar de elaborar la suya propia. Son clásicas las listas de millonarios de Forbes o el person of the year de Time.

La revista Vanity Fair recoge a los New establishment (Nuevos poderosos), construida a golpe de visionarios, prodigios de la ingeniería y emprendedores. La lista demuestra que en el siglo XXI el mundo le rinde pleitesía a quienes han sabido crear empresas relacionadas con la tecnología que han cambiado nuestra forma de comunicarnos o hacer negocios, por ello, no sorprende ver como los primeros puestos de la lista están relacionadas con creadores y gurús de Internet.

Por segundo año consecutivo, ha colocado a Zuckerberg (Facebook) en cabeza de su lista anual. Sergey Brin y Larry Page de Google ocupan el número dos; Jeff Bezos, fundador de Amazon, el tres; Tim Cook (sucesor de Steve Jobs) y Jonathan Ive, de Apple, el cuarto puesto. La primera mujer tecnócrata, Sheryl Sandberg, segunda de Zuckerberg en Facebook, ocupa el puesto 26.

La lista completa en:
http://www.vanityfair.com/online/daily/2011/09/the-2011-new-establishment-list--and-the-top-spot-goes-to---

SOBRE EL ESTRAMONIO, LA SOCIEDAD DE LA INFORMACIÓN Y LOS CRETINOS DE TOMA Y DACA
08/09/11

El estramonio, o revientavacas, es una planta muy común en nuestros campos. Una de sus curiosidades, es que es un campo de arbustos secos, ella sigue verde. Otra es que en un campo arrasado por rebaños de ganado, ella sigue verde y floreada ¿la razón? Es tóxica y alucinógena, como otras muchas.

¿Nos estamos volviendo un blog botánico? No. Pero resulta que hace unos días esta planta, de placida y bucólica existencia se hizo mediática. Los telediarios dieron la noticia de que en una fiesta rave en la periferia de Madrid, un fulano y su novia vendieron semillas de estramonio a unos incautos de 18 añitos. Dos de ellos murieron por la ingestión y otro quedó grave.

Pero como quiera que nos encontramos en la sociedad de la información y que los nativos digitales, según Prensky, se mueven como pez en el agua en Internet, otro joven de Badajoz, de 24 años esta vez, buscó en Google esta "desconocida" planta. Tras un paseo campestre demostró a sus amigos sus reciente ciberformación fitológica, y por-mi-y-mis-compañeros-y-por-mi-primero realizó una ingesta que lo llevó a entrar en coma. Como respuesta ridícula, las autoridades locales están segando las matas de esta planta que se encuentran en los alrededores de la ciudad ¿será el siguiente paso eliminar de las estanterías de supermercados y droguerías todos aquellos productos tan útiles para la limpieza pero que puede llegar a ser mortales si algún cretino intenta "colocarse" por poco dinero?

Esto nos viene a demostrar que información y conocimiento no siempre caminan de la mano, que lo del nativo digital no es una etiqueta que se merezca por la fecha de nacimiento, y que cada día que amanece...

AMAZON DESEMBARCA EN ESPAÑA
15/09/11

16 años después Amazon llega a España. Desde hoy disponemos de www.amazon.es, aunque el portal no será tan

funcional como el puntocom, pues de momento sólo se podrán adquirir libros físicos. Durante meses, el gigante americano de la distribución literaria ha estado comprando stocks para poder ofrecerlos en su web española a partir de hoy. Sin embargo, antes de fin de año, podrán a la venta su Kindle y su catálogo de libros digitales.

GOOGLEAÑOS FELIZ
27/09/11

Aunque es todavía casi un niño, Google es uno de los gigantes de Internet en particular, y unas de las más grandes empresas del mundo en general. Parece que fue cuando Brin y Page lanzaron su navegador, y ya, hoy martes, cumple 13 añitos. En sus inicios, en 1998, tuvieron que competir con las empresas que copaban el sector, como altavista o lycos. Hoy no tiene rivales y, sin duda, es el buscador número uno.

Y Google no sólo es búsqueda, sino que un entramado de productos hace que esta sociedad sea sinónimo de Internet. La red sin ella, no sería la misma. Feliz cumpleaños.

I-REQUIEM POR STEVE JOBS
06/10/11

Uno de los personajes que más ha aparecido por este blog, Steve Jobs, ha dejado este mundo. En agosto dejó de ser consejero delegado de Apple , dejando la empresa en manos de Tim Cock. No obstante, dejo abierta su colaboración con la sociedad, pero no a tiempo completo, sino para cuestiones puntuales. Ahora la ha abandonado definitivamente, dejando un legado de productos que han marcado época: ipod, ipad, iphone... un ejemplo de persona asociada y vinculada a una marca: no se comprendía un Jobs sin Apple, ni a Apple sin su Jobs. Este será el principal reto de la marca de la manzana.

Llevó la elegancia a la informática, una cualidad hasta ese momento olvidada y participó activamente en la carrera de tecnificación del ciudadano medio, armado de gadgets que renueva ritualmente con cada lanzamiento de su gurú. Al menos le dio tiempo a que fuera presentado el iPhone 4s.

Hoy, a los 56 años, tras siete años de lucha contra el cáncer, ha desaparecido. Entonemos un i-Requiem por su memoria.

EDUCACIÓN ELECTRÓNICA ¿PARTE O TOTAL DEL NUEVO PARADIGMA?
18/10/11

Ken Robinson, en su demostración cambiando los paradigmas de la educación plantea que caminamos hacia el futuro por una senda del pasado, ya que los sistemas educativos de los países occidentales son la herencia de los ideales de la Ilustración.

Pero ¿hasta qué punto estamos preparados para el cambio? ¿Llenar nuestras aulas de gadgets es digitalizar la educación o no deja de ser propaganda política para encubrir otras carencias? ¿Estamos preparando a jóvenes y niños para la sociedad que se les avecina? Evidentemente no. No hay ningún plan serio que eduque para este cambio social que ya está en marcha, y del que hemos comenzado a vislumbrar sus primeros.

Creemos y damos por válido que por pasar horas en Tuenti nuestros jóvenes dominan las posibilidades de la red, cuando en realidad no es más que otra forma de adormecimiento. Dime de qué presumes y te diré de que careces, dice el refranero, y en cierta manera, la inundación de las aulas con aparatos electrónicos, sin un objetivo de uso claro, se queda en agua de borrajas, en un quiero y no puedo. En palabras de Bourdieu, pura reproducción del sistema.

EL MITO DEL NATIVO DIGITAL
23/10/11

Marc Prensky hizo famosa la distinción entre los nativos y los inmigrantes digitales. Lo hizo en un ensayo publicado en 2004 bajo el título The death of command and control (La muerte del mando y control).

Nativo digital es aquel que nació cuando ya existía la tecnología digital. La tecnología digital comenzó a desarrollarse con fuerza en 1978, por lo tanto, se considera que los que nacieron después de 1979 y tuvieron a su alcance en el hogar, establecimientos de estudio y de recreación computadoras o celulares pueden considerarse Nativos Digitales.

Los nativos digitales aman la velocidad al tratar con la información. Les encanta hacer varias cosas al mismo tiempo. Todos ellos son multitarea y en muchos casos multimedia. Prefieren el universo gráfico al textual. Eligen el acceso aleatorio e hipertextual a la información en vez del lineal propio de la secuencialidad, el libro y la era analógica.

Sin embargo, Prensky estableció una fecha ¿Por qué? ¿El hecho de haber nacido en una época donde comenzaban a explosionar las tecnologías digitales es suficiente para dominarlas? Este pudo ser el error de este sociólogo. Nos encontramos más bien ante un problema de actitud, en una nueva sociedad donde habrá gente adulta totalmente entusiasta y apasionada por las tecnologías de la información y encontraremos jóvenes y adolescentes recelosos y apáticos frente a este nuevo mundo que se les avecina. Con la diferencia de que una persona de 50 ó 60 años, si no quiere entrar en el mundo 2.0, no le ocurrirá nada, y uno de 15, quedará excluido de la sociedad en la que le tocará vivir.

SMS EN LA UCI
29/10/11

Durante años las compañías telefónicas han venido cobrando por un servicio que debería haber sido gratuito: los mensajes de texto o sms. Inicialmente, este tipo de comunicación surge aprovechando un segmento residual de la señal, lo que no supone ningún gasto a la compañía. En el estándar GSM estaba diseñado este servicio para que las operadoras enviaran comunicaciones a sus clientes. En algunos países, incluso, lo ofertaban gratuitamente. En España, el servicio ha sido cobrado a un precio notablemente lucrativo y las compañías ofrecían paquetes de sms a precio fijo para incentivar su consumo.

Sin embargo, en los últimos tiempos, con la proliferación teléfonos inteligentes con tarifa plana de acceso a Internet, y el uso de aplicaciones de comunicación instantánea como WhastApp, Tango o Viber, el número de sms enviados ha descendido hasta tal punto, que compañías como movistar han decidido que este servicio sea gratis. La noticia podría ser buena, pero nos queda el sinsabor de que si ahora nos regalan lo que antes nos cobraban. Lo que antes nos estaban vendiendo era humo.

EL SENSUAL MUNDO DE LA PUBLICIDAD
05/11/11

Además de lo que acontece en la red, la otra línea de análisis de la que se ocupa este foro de encuentro es la comunicación audiovisual, aunque esta faceta sea menos habitual. Vivimos en una sociedad en que la imagen todo lo inunda y todo lo puede. Si un producto no es conocido, ese producto difícilmente pueda ser vendido.

Sin embargo, a pesar de vivir en una sociedad tecnológica y moderna, la publicidad sigue lastrando muchos tópicos del pasado y, a sabiendas de que el refrán "tiran más dos tetas que dos carretas" está en plena vigencia, los publicistas de Sfera no dudan en poner dos carteles a pocos metros, uno para vender la moda de otoño masculina y otro para la femenina. A pesar de la corta distancia que los separa, el chico aparece ampliamente cubierto de ropa, mientras que la chica, que debe ser inmune al frío, aparece con escasa vestimenta. Será cosa de la crisis.

ELECCIONES EN TWITTER, DE LA POLÍTICA 2.0 AL DESPROPÓSITO ELECTORAL
12/11/11

A falta de ocho días para las controvertidas elecciones generales, los políticos españoles, no contentos con tenernos a punto de superar los 500 puntos de riesgo que nos llevaría casi a tener que ser rescatados por la Unión Europea, se dedican a insultarse y a calentar al electorado desde sus cuentas de Twitter.

Tal vez, en vez de pasear su desfachatez por media Europa y por la red, deberían entender que la política 2.0 es una herramienta para acercar al ciudadano a los gestores públicos, y no hacer alarde de grosería en el ciberespacio.

Esperemos que no nos usurpen la red, y que no conviertan el ciberespacio en un caos igual que hicieron con sus múltiples administraciones.

LA NORIA DA VUELTAS MIENTRAS LA RED AVANZA
19/11/11

¿Hasta qué punto la comunidades virtuales pueden hacer que la voz del ciudadano sea escuchada? En las recientes revueltas en el mundo árabe, redes como Facebook o Twitter han servido para que voces anónimas de ciudadanos encontrasen un canal de escape a las férreas dictaduras políticas de estos países.

En occidente, donde la dictadura política aparentemente no existe, el salto ha sido la lucha contra las dictaduras mediáticas. El derecho de expresión y comunicación de todo ciudadano que pregona la constitución ha venido chocando contra el muro de la imposibilidad de transmitir este mensaje: éramos libres, pero a gritos nos podíamos transmitir nuestras ideas.

Esto ha sido así hasta que con la aparición de internet y servicios como blogs y las comunidades virtuales, que nos han permitido amplificar y transmitir nuestras ideas al resto del mundo. La trasmisión de las cadenas de información y la movilización ciudadana ha sido más fácil que nunca.

Hace unas semanas, en Extremadura, se lanzó a través de la red una campaña para boicotear los productos de un grupo empresarial por su comportamiento homófobo, con un éxito relativo. Sin embargo, esta semana un movimiento social se ha desatado tras la idea que un blogger cedió al dominio público: presionar a los anunciantes para que no emitieran publicidad en el programa la Noria, tras la entrevista que realizó, previo paso por caja, a los familiares de unos de los implicados en la desaparición y/o asesinato de Marta del Castillo. El presentador de este programa arremetió contra el blogger y contra los televidentes, llegando al insulto verbal. Sin embargo, en este primer choque entre una potencia mediática convencional, y la voz colectiva reunificada por Internet, ha vencido esta última, y este sábado el programa se emitirá sin anuncios. No sabemos cuánto durará esta iniciativa, si todo quedará en anécdota, si TeleCirco dará marcha atrás y abandonara esta práctica tan poco ética en pro de abultar los datos del audímetro. Sin embargo, ha sido un gran paso para la red.

EL JUEGO EN LA GENERACIÓN DIGITAL
24/11/11

Hace poco más de un mes hablábamos de lo que había supuesto Marc Prensky y su teoría del nativo digital. Decíamos que por el simple hecho de nacer en una época no capacitaba al ciudadano del futuro a dominar una tecnología.

Sin embargo, este hecho sí que posibilitaba el adquirir de manera natural una serie de destrezas digitales que lo ayudarían en su vida futura.   Y está claro que si hay disponibilidad tecnológica y las familias lo asumen como algo natural, sí que las venideras generaciones gozarán de una serie de competencias digitales asumidas desde la más tierna infancia.

Pero el mayor impulsor de este boom tecnológico no es la e-administración, ni la e-política, ni siquiera la escuela 2.0, sino más bien el propio mercado. Estas navidades, además de las típicas consolas, los reyes magos y Papá Noel vendrán cargados de tablets. Lexibook ha sacado el FirstTablet con pantalla TFT de 7", WiFi y sistema Android, Imaginarium, por su parte, pone a la venta a Paquito, con capacidad para vídeo, fotos, 4GB ampliables , batería de lítio...Toys'r'us también ofrece su alternativa, con tablets de diferentes capacidades y tamaños, con conexiones HDMI.

Ante esta avalancha tecnológica, cabe preguntarnos ¿estamos formando nativos digitales o estamos creando consumistas descomunales?

EL MIEDO AL CAMBIO
30/11/11

En los últimos 25 siglos el ser humano, como humano, como individuo, ha avanzado poco. Cinco siglos antes de Cristo ya se sabía que la Tierra era redonda y que giraba alrededor del Sol. Se conocía su diámetro y se intuía lo que se desconocía (dos casquetes polares, a pesar de la distancia) Luego, en un ejercicio de represión y manipulación de masas de una dimensión sin precedentes, se negaron todos estos hechos y durante otro motón de siglos, en nombre de dioses y diosecillos y a manos de sacerdotes o ayatolahs se impidió continuar esta tarea.

En los dos últimos siglos esto comenzó a avanzar y la investigación científica progresó de manera exponencial, eso sí, amparada por el capita de los empresarios, lo que ha supuesto nuestra vida cotidiana acabe inundada de chismes y aparatejos. Por eso, tal y como comenzábamos diciendo, como individuos poco hemos avanzado, aunque como grupo notemos una importante transformación.

Pero a pesar de todo este marketing del consumo y de lo tecnológico, hay quien se resiste al cambio, aferrándose a lo "antiguo", ignorando que lo antiguo es relativamente reciente y que, en la mayor parte de los casos, procede de una anterior "revolución". En la revolución industrial se multaba a los carruajes que no eran tirados por caballos (En oposición a la máquina de vapor) y los que rechazaban el tren argüían que por encima de las 50 millas/hora las células humanas se desintegrarían. 250 años después rodamos a diario con seguridad por encima de los 100km/h y volamos a casi 10.000 metros ¿tan difícil es aceptar que estamos en una era de cambios.

LAS REDES SOCIALES QUE NOS ESPERAN. RED UNIFICADA DE REALIDAD REAL
[POR ALBERTO LEDO]
11/12/11

Las redes sociales, como estructura social de un grupo de personas es un concepto que viene imperando tantos años como el propio hombre tiene. Recientemente ha sido acuñado el término para referirse a las redes sociales nacidas a la sombra de internet y aunque estas han estado presentes también en la red desde antes de su diseminación (me gusta pensar en la red internet como algo que se ha esparcido), los foros de noticias basados en cliente de noticias o grupos de investigación académica podrían ser ejemplos de estas redes sociales digitales primitivas, no ha sido sino con la llegada de populares portales dedicados cuando el término acuñado ha tomado verdadera relevancia.

Los fines que han motivado la creación de las llamadas redes sociales en internet son varios, principalmente, es el diseñar un lugar de interacción virtual, en el que millones de personas alrededor del mundo se concentran con diversos intereses en común. Tal y como hoy las entendemos son pequeños nodos de información cotidiana y en tiempo real que el usuario, de forma individual, explota produciéndose una sinergia en el conjunto.

Pasarán pocos años, menos de los que imaginamos, para que las redes sociales sean una constante tan cotidiana e involuntaria como el hecho de que busquemos el interruptor al entrar en una habitación porque sabemos que debe estar ahí. Podríamos pensar que esta afirmación ya es caduca, que en el momento actual esto está ocurriendo, pero nada más lejos de la realidad. Las redes sociales del futuro bien vendrán a llamarse "Red Unificada de Realidad Real". Hemos sustituido el plural de redes por un singular universal y habrá que hacer referencia a que la realidad ya no es virtual, es una realidad cibernética real.

En la red social del futuro inmediato no precisaremos de ordenador, nuestro propio cerebro se encargará de añadir a los contactos afines. Los diferentes perfiles estarán disponibles mientras caminamos hacia el autobús en las lentillas multimedia que llevaremos implantadas en nuestros ojos. Al cruzarnos con un desconocido solo con nuestro deseo y, lo que aún será más inquietante, a criterio de nuestro chip de identidad, dispondremos de su perfil actualizado y de la última acción que ha realizado; sus lugares de ocio, sabremos donde poder encontrar a esa persona y podremos automáticamente agregarla a nuestra red; bastará solo mirar a esa persona para que aunque ella no se haya percatado de nuestra presencia tengamos toda su información pública. Sabremos antes de saludar a alguien en el autobús si el saludo será de su agrado e incluso si estaría dispuesto a tener una cita con nosotros. Sabremos donde encontrar en cada momento a miembros de nuestra red de forma física. Cambiaremos ahora el sofá y la pantalla de ordenador por la cita colectiva en algún lugar de reunión. Podríamos seguir imaginando como será esta red social pero cualquier cosa que podamos imaginar tendrá cabida.

Sustituiremos de este modo los populares portales comerciales dedicados a la extensión de redes sociales por un software universal, procesado en nuestro cerebro, que nos permitirá realizar actividades cotidianas mientras recaba y nos proporciona información, estando conectados a esta red unificada en todo momento. Se nos brindarán, en definitiva, posibilidades inimaginables de socialización. Volveremos a cambiar la impunidad de la pantalla por la popular barra de bar.

SALUD, EL RELEVO A LA INFORMACIÓN
[POR ALBERTO LEDO]
13/12/11

En el blog hemos venido hablando, entre otras muchas cosas, de la revolución en el tratamiento de la información en los últimos y venideros años. Hasta el momento la Ley de Moore, de sobra conocida (viene a expresar que cada 18 meses se duplica el nivel de integración de los elementos discretos contenidos en los circuitos integrados), ha venido posibilitando nuestra calidad de vida y la mayoría de los logros científicos e industriales de las últimas décadas. Esto ha sido posible debido a que al disminuir el nivel de integración ha aumentado la velocidad de proceso y la posible cantidad de información a procesar dentro de un mismo circuito; las máquinas se han hecho más pequeñas y nos han facilitado la vida, se ha puesto de manifiesto una inteligencia artificial que se ha convertido en la mayor de las aliadas para el cerebro humano y sus capacidades de innovación.

Al ritmo actual de integración, Michio Kaku, físico teórico y uno de los padres de la teoría de campos de cuerdas, afirma que aproximadamente dentro de una década la Ley de Moore se desplomará, dice exactamente: dejará gradualmente de ser válida.

¿Acabarán con este hecho las expectativas depositadas en la tecnología y el crecimiento exponencial de la misma? No. Sin duda este hecho traerá algunas consecuencias a priori. El citado físico estima un punto de inflexión en la economía basada en las nuevas tecnologías; nuestra necesidad de adquirir productos más potentes decrecerá dado que estos no estarán presentes cada año como hasta la fecha ha venido ocurriendo. Yo creo que el momento del desplome de la ley de Moore será muy interesante dado que los mercados dejarán de estar basados en el crecimiento exponencial de la potencia de computación para basar sus estrategias en mayor grado de innovación si eso es posible.

Con el desplome gradual de la Ley de Moore tomará el relevo la teoría cuántica y se pondrá de manifiesto en la industria tecnológica el principio de incertidumbre (afirma que no es posible conocer simultáneamente la velocidad y posición de una partícula). La causa de este fenómeno se debe a que en el proceso de miniaturización llegamos a un punto de escala atómica en la que las leyes de la física tradicional dejan de ser válidas y comienzan a imperar las leyes establecidas por la mecánica cuántica. A priori el control de los electrones en el interior de los circuitos electrónicos será mucho más complejo debido a la cualidad de los electrones de onda-partícula, pero en el mundo cuántico todo es posible, todo.

Llegados a este punto, en las próximas décadas será de especial interés la nanotecnología que en medicina y muy especialmente en el diagnóstico de enfermedades conseguirá unos avances espectaculares.

Dejemos por tanto que la tecnología industrial, las tecnologías de la información y los avances científicos continúen su imparable camino. Pongamos menos cortapisas a las posibilidades de la ciencia porque, no imaginamos aún cuanto bien nos hará. En las próximas décadas la salud tomará el revelo de la información y veremos similares avances y logros en salud a los que hemos visto en el tratamiento de la información.

Esperemos que en las próximas décadas nuestras sociedades sean más equilibradas para que estos avances tengan una mayor repercusión en todas las personas sin distinción, porque recibir un mail, no es tan importante como detectar a tiempo el crecimiento de unas células cancerosas.

INTERNET TE LO DA, INTERNET TE LO QUITA
20/12/11

La inmediatez es una de las mejores bazas de Internet frente a los medios de comunicación convencionales. Aunque esta inmediatez, cuando cae en malas manos, se convierte en un arma mortal, y nunca mejor dicho, pues la cosa va de duelos, aunque falsos.

Si hace unas semanas Pablo Motos en el hormiguero incitó a que sus telespectadores twittearan la "muerte" de Dani Martín, ahora un desconocido ha certificado vía blog y wikipedia la muerte de Bon Jovi, con fecha de 19 de diciembre. En pocas horas la noticia consternaba el ciberespacio, y en el Facebook del cantante apareció una foto desmintiendo la noticia.

Casos así nos recuerdan que Internet es una extensión de la sociedad, y que si ha sido una excelente herramienta para hacer cosas buenas, también acoge lo más perverso de nuestro carácter. Por ello, nada mejor que usar la red con sensatez y sentido común.

LA PIRATERÍA, EL TEMA RECURRENTE
22/12/11

La escritora Lucía Etxebarría ha comentado en su Facebook que deja de escribir "por la piratería". El tema se ha convertido en trend topic en Twitter y su decisión ha recibido un gran apoyo en la red. Gran apoyo para que no se eche atrás.

Pero ¿por qué esta mofa? Dice el refrán que hay quien nace con estrellas y hay quien nace estrellado. Pero no es el caso. Lucia afirma que Tanto el facebook como el twitter está

saturado de mensajes de odio, al tiempo que se permite difamar a otra gente del circo mediático: como el chiste sobre Belén Esteban:
- Doctor, esta nariz nueva que me ha hecho es demasiado pequeña, no queda bien con mi cara.
- No se preocupe señora, hace juego con su cerebro
http://es-es.facebook.com/pages/Lucía-Etxebarria,18/12/11

Igualmente, no se corta a la hora de etiquetar alegremente a la gente, y anota que no conviene meterse con los mafiosos rusos, los banqueros, los extremistas islámicos y los amantes de la piratería.
http://es-es.facebook.com/pages/Lucía-Etxebarria,20/12/11

Para colmo, en un largo manifiesto del día de 20, afirma, entre otras cosas, que otros autores que viven de su obra son unos mantenidos o que tienen un trabajo muy lucrativo en el que reciben mucho dinero sin hacer nada, como Urdangarín. Pero cuando más tierra se echa encima es cuando afirma que a mí no me gusta que me roben la propiedad intelectual, porque ella ha hecho cosas parecidas. En 2001 fue acusada de plagiar al poeta leonés Antonio Colinas. También en su novela Amor, curiosidad, Prozac y dudas (1997), incluía en sus páginas frases enteras literales de Nación Prozac, de la periodista y escritora estadounidense Elizabeth Wurtzel. Y en su obra Ya no sufro por amor, utilizó párrafos completos del psicólogo Jorge Castelló. Pero en este caso, la escritora apela al derecho a la intertextualidad. ¿Cuándo se aplica en propio beneficio es derecho a la intertextualidad y cuando no es robo de la propiedad intelectual?

De todas manera, la afirmación que hace, y sobre la que se monta toda la polémica, está falta de sentido ¿no es posible que la gente se haya cansado de su obra y por eso no la compra? ¿Tiene que tener Internet siempre la culpa de que algunos escritores o músicos no vendan?

PAPA NOEL LO TIENE CLARO
25/12/11

Cada navidad que pasa, la vorágine consumista hace que la crisis se diluya y se dilapiden sueldos con la adquisición objetos que no hacen falta y que terminarán arrinconados en cualquier trastero.

Este año va a ser el turno de lectores de libros electrónicos, tablets y smartphones. Algunos serán usados para lo que fueron diseñados, sacándole mayor o menor rendimiento y otros se pondrán en marchar dos o tres veces hasta que el hastío de sus dueños los momifiquen en cualquier estantería o cajón. Estos nuevos cachivaches van a engordar las cuentas de las operadoras de telefonía, que llevan tiempo esperando el boom de las tarjetas con tarifas planas de acceso a Internet, y seguirán levantando las iras de los que opinan que Internet está matando la industria cultural.

Pero aparte de debate que no llevará a ningún lado, Papa Noel y los Reyes Magos estarán haciendo acopio en China de estos objetos, a pesar de que aquellos que los fabrican, podrán darse por contentos si al menos las opulentas empresas tecnológicas occidentales reparten sus migajas y les permiten comer.

INFORMACIÓN Y CONOCIMIENTO
[POR ALBERTO LEDO]
26/12/11

Sondeamos un mar de información que nos aplasta. Conscientes de ello o no, nos abruma el exceso de recursos y reclamos. Dentro y fuera de Internet la sociedad de la información mantiene un pulso constante con la sociedad del conocimiento. Estamos rodeados entre otros, muy especialmente, de publicidad y de modas más o menos pasajeras que en la red ganan mucha fuerza. Ejemplos de ello serían, de un lado la navidad, un buen paradigma para ver que la sociedad de la información le gana el pulso a la sociedad del conocimiento, incluso en el panorama político y social que divisamos, lo que toca, toca, y ahora toca navidad, ya lo advertíamos en el artículo anterior. De otro lado y en la misma línea un ejemplo válido serían las empresas y particulares que aparecen vendiendo paquetes de contactos de seguidores en las redes sociales, los propósitos son de diversa índole y cualquiera pude hacerse con uno de estos paquetes aumentando su número de seguidores en twitter, facebook y otros por algunos dólares.

En todo coloquial, información es aquello que nos llega, conocimiento lo que aprovechamos. Si bien es cierto que de forma individual, en cada persona, se establecen filtros automáticos a la información que recibimos, cada vez resulta más complejo que estos filtros sean realmente eficaces. Estamos sometidos a un continuo bombardeo de información que no solicitamos ni precisamos, información que en última instancia puede determinar nuestro comportamiento y acciones.

En mi opinión, el potencial para el desarrollo de la sociedad del conocimiento que Internet nos brinda no lo estamos aprovechando como sociedad global, huyo ahora de identificar el concepto sociedad global con el término globalización, de hecho, es precisamente la globalización aquello que está impidiendo que la sociedad del conocimiento tome un verdadero protagonismo.

El propósito de este artículo no es otro que poner de manifiesto, como ya se ha dicho, que la sociedad de la información y la sociedad del conocimiento no responden a un mismo concepto y que los efectos de la globalización con la manifestación de las TICs e Internet no deberían parecer tan lógicos.

Estamos ante una oportunidad única, Internet es el lugar de los ciudadanos, no es el lugar de las empresas ni tampoco del poder político. Internet es una herramienta que tanto las empresas como los gobiernos, así como el mismo mercado están sabiendo utilizar con gran acierto, mientras tanto ¿qué estamos haciendo los ciudadanos?, ¿no es ridículo comprar un puñado de contactos en una red social?.

Como en economía (bien constatado ha quedado en los últimos años), Internet deja de ser algo razonable cuando se fuerza la marcha natural de los acontecimientos. De un lado hay personas, empresas y proyectos tóxicos se mire donde se mire, de otro lado hay reductos en Internet de información y conocimiento alejados de lo tóxico, de la moda, esperando ser aprovechados.

Por ridículo que pueda parecer, el conocimiento sigue autopistas diferentes a la de la información, y además, autopistas sin peaje.

Nuevos retos para la aldea global
[Por Alberto Ledo]
31/12/11

"Su delito no es robar tiempo, sino regalarlo". Esta frase es pronunciada por el guardián del tiempo, que hace las veces de policía, en la película In time. La película tiene grandes aciertos en lo humanístico y lo científico, pero no es este el lugar para hacer crítica de ella, que queda coja en muchos aspectos. Sin lugar a dudas la frase no tiene desperdicio.

Cuando algo no interesa se bloquea y no importa cuán drásticas sean las consecuencias. Está claro que en los dos últimos años la voz digital (aquella que todos y cada uno de los ciudadanos puede proclamar libremente y corre como la pólvora por las autopistas de la información) ha ganado un terreno no predecible y no ha gustado nada, siguiendo el símil, a los guardianes del tiempo.

Desde los estamentos de poder, principalmente el económico, que es lo que prima hoy en día, se nos viene diciendo que todo está tambaleándose, pero es ridículo; es sencillamente la consecuencia directa de haber puesto esperanzas en nichos de progreso vacíos.

Ahora el debate está nuevamente fuera de la red, fuera del sitio donde la voz de la ciudadanía gana fuerza, el debate está nuevamente inundado por el miedo. Saben vender bien el miedo pues es lo único que siempre hicieron.

La pregunta que debemos formularnos es si las viejas premisas del poder siguen siendo eficaces en la sociedad red o si por el contrario hay demasiado empeño puesto en que los problemas actuales queden absolutamente fuera del campo de la sociedad del conocimiento, parece más acertada esta segunda circunstancia.

Uno de las primeras medidas mundiales ha sido vetar, con falta de recursos, la investigación y la sociedad del conocimiento. Las universidades y los nodos de innovación quedan relegados a tiempos más prósperos, mientras tanto se empañan en volver a poner sobre la mesa las viejas fórmulas que nos trajeron justo donde estamos, una buena prueba de ello son las primeras medidas adoptadas por el recientemente elegido equipo de gobierno en España, ... ¿pero, más de lo mismo?, por favor.

Si en el anterior artículo poníamos de manifiesto que sociedad de la información y sociedad del conocimiento son cosas diferentes en este ponemos de manifiesto que la sociedad del conocimiento no termina de agradar a quienes imponen las reglas del juego, en este terreno Internet juega un papel fundamental. No debemos olvidar que Internet viene a ser el concepto de nuevo Libro Global al servicio de la sociedad del conocimiento.

Atrás queda 2011, dentro de un nuevo escenario socio-económico veremos de qué somos capaces los ciudadanos de esta, nuestra Aldea Global.

¡QUE LLEGAN MÁS RECORTES!
10/01/12

2012 es el año de los recortes, y no sólo en el aspecto económico, sino también en el cultural. La SOPA (Stop Online Piracy Act) o Acta de Cese para la Piratería Online propuesta en Estados Unidos ha creado un revuelo en el corralillo tecnológico y empresas como Google, Facebook, YouTube, Wikipedia, Twitter, Linkedin o Amazon están barajando la posibilidad de declararse en huelga y mostrar una pantalla negra el día 23 de enero para mostrar su desacuerdo con este decreto que, consideran, viene a ejecutar un deleznable acto de censura.

Y es que a la hora de recortar información, a la par que derechos, los gobiernos parecen encontrar su éxtasis, por más democráticos que se hagan llamar. Porque no olvidemos que en este 2011 que acaba de abandonarnos, personajes en principio tan dispares como Gadafi o el presidente Obama no dudaron en mostrar su rechazo contra Wikileaks. El primero llamaba kleenex a las filtraciones y el segundo no dudo en recriminar la filtración de documentos, pero no lo hechos denunciados en sí.

En España, a pesar del cambio de gobierno, uno de los fantasmas de la anterior legislatura sigue sobrevolando el panorama de Internet. La ley sinde vuelve a la carga, y desde la editorial Traficantes de Sueños y el Periódico Diagonal nos regalan el manual de desobediencia a la ley sinde, un e-book gratuito que, según sus autores, pretende demostrar la ineficacia radical de la Ley Sinde desde un punto de vista práctico.

http://www.traficantes.net/index.php/libreria/catalogo/libros/Manual-de-desobediencia-a-la-Ley-Sinde

CAE MEGAUPLOAD ¿QUIÉN OCUPARÁ SU LUGAR?
20/01/12

Hace diez días hablábamos de la SOPA y del apagón digital con que amenazaron algunas de las compañías más influyentes. Sin embargo hoy han caído las empresas del multimillonario Kim Schmitz "Dotcom", el día antes de su 38 cumplaños. Eran empresas que facilitaban alojamiento y descargas gratuitas: Megaupload, Megavideo, Megapix, Megalive y Megabox. El cierre ha sido ordenado por el Departamento de Justicia norteamericano, quien afirma que se trata de "una organización criminal responsable de una enorme red de piratería informática mundial".
De momento queden otras, como Rapidshare, Fileserve, Hotfile, Depositfiles, Megashares, Filesonic, Duckload, Mediafire, Easy-share, Oron , Bitshare.com, Enterupload, Uploading, Uploaded.to, 4shared, Filefactory, Netload.in, Letitbit.net, Wupload... por citar alguna de las más populares. Sin embargo, sin el lobby video-discográfico ha logrado esta intercesión por parte de la Casa Blanca, es posible que en lo próximos días sigan cayendo más. Si en estos servidores fueron logrando que arrinconáramos el P2P ¿Cuál será el próximo nivel? Sin duda, Napster marco el inicio de una nueva etapa, y aunque cambien los medios, los hábitos perdurarán.

PROPIEDAD INTELECTUAL Y PRIVACIDAD
22/01/12

Uno de los grandes caballos de batalla que los detractores de la red ha venido utilizando como argumento demonizador es la privacidad. Se ha criticado el uso que los grandes medios sociales podrían llegar hacer de los materiales –imágenes y textos- depositados en sus servidores. Sin embargo, tras la operación realizada por el FBI contra las empresas de Kim Schmitz "Dotcom", el debate se vuelve más agrio ya que ¿Por qué deberíamos confiar más en EE.UU que en Megaupload? El gobierno norteamericano tiene en su poder los servidores que albergaban material audiovisual, pero también documentos que algunos usuarios albergaban a modo de disco duro virtual, además de nombres de usuarios, contraseñas y datos bancarios de los usuarios "premium".

Porque el gobierno de Obama puede tener potestad para acceder a los datos de sus ciudadanos –allá ellos en las urnas- pero ¿Es legítimo que retengan datos de ciudadanos de otras nacionalidades?

Desde luego, en cuanto a privacidad, es mucho más grave este secuestro de datos que el posible uso que Facebook pueda hacer de las fotos del último domingo en el campo.

DESCARGAR O COMPARTIR. REDES CIUDADANAS O GESTIONADAS POR MAGNATES.
25/01/12

Tercera entrada sobre el trendtoping de la semana, incluso del mes si se quiere: el cierre de Megaupload. Pero vamos a reflexionar sobre la comodidad que busca el usuario, y como a raíz de ella los hábitos se van modificando.

Y es que el intercambio de contenidos es cosa que viene de antiguo. Desde siempre se han compartido libros, que se intercambiaban con amigos y familiares una vez leídos. Incluso con desconocidos, como en la iniciativa bookcrossing, en la que se dejaba a criterio del que tomaba el libro dejar uno a cambio en el mismo lugar para que otra persona lo disfrutara. Un medio ecológico y multiplicador de cultura, si bien al mercado no le resultara interesante, como no le interesa ninguna iniciativa ciudadana que pueda poner en cuestión sus estructuras de privilegios. Con la música pasaba algo parecido: una persona compraba un disco y otra otro, ambos intercambiaban sus discos y obtenían una copia en cassette.

Sin embargo, con la llegada de los ordenadores domésticos y los mecanismos de reproducción digital, todo este proceso cooperativo se haría más sencillo. Podemos establecer una metáfora con el escrito de G. B. Shaw cuando afirma que "si tú tienes una manzana y yo tengo una manzana, e intercambiamos manzanas, entonces tanto tú como yo seguimos teniendo una manzana. Pero si tú tienes una idea y yo tengo una idea, e intercambiamos ideas, entonces ambos tenemos dos ideas".

La reproducción digital permite obtener instantáneamente duplicidades exactas de una fuente y un tratamiento y un transporte inmediato. Cuando las redes no estaban tan extendidas el intercambio se realizaba en discos ópticos o cd's. Cuando Internet comenzó a entrar en los hogares, el proceso se sobredimensionó. Napster, desarrollada por Sean Parker en 1998, era una aplicación que una vez instalada en el ordenador, permitía compartir ficheros entre usuarios. Cuando fue denunciada y cayó, una nueva dimensión se había iniciado y ya no habría marcha atrás y programas como Emule o Ares tomaron el relevo. Todo era sencillo, cada usuario tenía una carpeta de compartidos en su ordenador y cualquier otros cuyos resultados de búsqueda se aproximaran, podría tener acceso a estos datos.

Megaupload y otros espacios de almacenamiento online vinieron a facilitar el proceso. Entre otros usos, los usuarios comenzaron a albergar material audiovisual y de texto que era presentado desde blog o compartidos por enlaces, acelerando el proceso. Ya no era necesario hacer búsquedas en la mula; la web lo ofrecía todo, sin necesidad de esperar a que el usuario que tenía el libro que queríamos estuviera conectado. Ahora estaba en la red a tiempo completo. Megaupload nos hizo más perezosos. Nos ofrecía de manera sencilla lo que antes teníamos que buscar. Pero fue otro paso más, igual que Napster en su día. Megaupload se fue, pero vendrán otras. Y esperemos que los proyectos venideros confíen de nuevo en poder de las redes ciudadanas, en vez de servir para llenar el bolsillo del lado B de la red.

PRÓXIMA BURBUJA... LAS TIC'S [POR ALBERTO LEDO]. 30/01/12

Viene siendo habitual leer perogrulladas de todo tipo en noticias y enlaces, que vienen y van desde y hasta los famosos y cansinos ya rincones de Internet escondidos en redes sociales, relativas a iniciativas, corporaciones de base pública y nuevas empresas, del conocimiento, relacionadas con las TIC, de orientación laboral, de mercados emergentes, los famosos clusters y un largo etcétera. Atendiendo a su acepción formal perogrullada es aquella verdad o certeza que, por notoriamente sabida, es necedad o simpleza el decirla.

Si habíamos pensado que el modelo económico que dejamos inmediatamente atrás vendía humo, estábamos equivocados. No imaginamos lo que nos espera. Dicho vulgarmente, podemos vaticinar la proliferación de cuatro listos que con sus perogrulladas van a conseguir una sustancial caja a costa del número ingente de parados y en nombre de la transmisión del conocimiento avenido por las nuevas tecnologías. Todos quieren tener su espacio en facebook, su rincón en twitter y allá donde puedan plantar sus ofensivas perogrulladas, discúlpenme en esta ocasión si resulto escatológico, su mierda más gorda.

Creo, aún a riesgo de equivocarme, que la mayoría de iniciativas creadas para la transmisión del conocimiento están volcando esfuerzos en nichos vacíos y que, para combatir una burbuja económica estamos creando otra de mayor calado, que vendría a llamarse, del conocimiento. El conocimiento hay que implementarlo tras demanda de la sociedad, no está para generar falsas necesidades inducidas.

"El emprendedor es el que crea tendencias" me corregían hace unos días en uno de estos rincones, jamás he escuchado nada más disparatado, las tendencias son efímeras y normalmente contraproducentes para los últimos fines de un proyecto.

Más importante aún que fomentar una sociedad del conocimiento es administrarla sabiamente desde el sosiego y por los cauces naturales que se hacen presentes.

ARQUEOLOGÍA HI-TECH
21/02/12

Si el ciberespacio ofreció a la antropología un nuevo escenario de estudio, la arqueología también se sirve de la red a la hora de investigar. ¿Cómo? ¿Podemos encontrar habitantes de Altamira en la red? En cierta medida esto es posible. Un grupo de investigadores de Harvard ha localizado más de 14.000 asentamientos prehistóricos en el norte de Siria, pertenecientes a la civilización mesopotámica. Todo ello sin salir de su despacho, a través de imágenes tomadas por satélite. El ordenador proporciona una herramienta magnífica para la localización de yacimientos, toda vez aceptada la pasión por la astrología y, consecuentemente, la ubicación sistemática de puntos de referencia sobre el globo terrestre.

EL LEGADO DE JOBS
23/03/12

Desde el primer minuto y hasta las dos horas de la madrugada de esta pasada noche más de un centenar de personas han hecho cola para adquirir el nuevo IPad en la Fnac de la plaza de Callao.

Para suavizar el duro ritual de confirmación que supone para los fieles de la marca ir adquiriendo cada nuevo aparato que salga, a pesar de no aportar nada nuevo como era el caso, los empleados de la tienda repartieron pastas y café ¿Qué menos se podía hacer ante una fila de fans dispuestos a dejarse la mitad de su sueldo en el nuevo juguetito de la manzana?

¿HASTA DÓNDE ESTARÍAS DISPUEST@ A LLEGAR POR TU IPOD?
07/04/12

Un joven chino de 17 años, deseoso de adquirir algunos gadgets, entró en contacto a través de una sala de chat con unos desconocidos dispuestos a ofrecerle la cantidad de dinero necesaria para que pudiera hacer realidad su sueño. Efectivamente, tal ofrecimiento era a cambio de algo... El joven vendió unos de sus riñones, por lo que percibió unos 3000 euros, con los que compró un Ipod y un Ipad.

Una vez que el hecho fue descubierto por la familia del joven, fue puesta la policía, quien arrestó a un grupo de personas y al cirujano que realizó la operación. Lejos de los aspectos delictivos que pudieran existir, debemos reflexionar sobre la pasión consumista que nos corroe hasta el punto de cometer este tipo de barbaridades.

HASTA LA VICTORIA, SIEMPRE
11/04/12

El ciberespacio se ha venido presentando como escenario aterritorial donde el usuario era el rey, o al menos eso se ha vendido desde algunos sectores. Sin embargo, hemos comentado en otras ocasiones como esta libertad es muy relativa y que Internet, en tanto en cuanto es un medio de comunicación en manos de corporaciones mediáticas, ha sufrido y sufre censuras selectivas. Los medios occidentales gustan de publicar noticias al respecto cuando se trata de China, Corea o del mundo árabe. Sin embargo, cuando la censura se produce en occidente, la noticia se llena de matices. En España la primera acción política destinada a controlar los contenidos de páginas webs vino de la mano de la polémica ley sinde, inicialmente puesta en pie por Zapatero y rechazada por Rajoy en la oposición, y finalmente alabada por el mandatario pp-ista. Una fuerte oposición ciudadana alegó, entre otros motivos, que la aleatoriedad de la norma podría dar opción al gobierno a iniciar una caza de brujas y atacar a webs con contenidos no afines con la ideología gobernante.

Efectivamente, en política es más difícil dar el primer paso que los posteriores, sobre todo cuando se trata de iniciar posiciones controvertidas. Por ello tras un primer intento de censura sobre la red, los siguientes que lleguen no causarán una sorpresa, ya que se asentarán sobre un precedente. El ministro del Interior, Jorge Fernández Díaz, ha avanzado hoy en el Congreso de los Diputados que se incluirá como "delito de integración en organización criminal" alterar "gravemente el orden público" y concertar concentraciones violentas por cualquier medio de comunicación como Internet y las redes sociales. Igualmente es delito la resistencia pasiva en la propuesta p-popular. Si miramos atrás y reflexionamos sobre los hechos acaecidos en los últimos meses, en el punto de mira de esta reforma legislativa está eliminar en su origen los posibles movimientos de protesta a imagen de los que conmovieron los cimientos sociales del mundo árabe a comienzos de 2012, con fuertes réplicas en Europa: movimiento 15-M en España o generación a rasca en Portugal.

Dice la sabiduría popular que siempre nos quedará el derecho a la pataleta, pero parece ser que los políticos del siglo XXI, alejados de las corrientes humanistas y condicionados por intereses mercantilistas, pretenden incluso prohibir esa pequeña vía de escape y atar los cabos para un cambio de rumbo, donde en vez de trabajar con máquinas, trabajemos como máquinas. Todo ello en un día en que el FMI "alerta" del riesgo de que la gente viva más de lo esperado...

INSTAGRAM SE SALVA DE LA QUEMA
15/04/12

Los designios de las grandes corporaciones empresariales son oscuros y tortuosos. Más aún en una época en las que nos dicen que estamos en una profunda crisis. Facebook ha decidido pagar por Instagram 1.000 millones de dólares en efectivo y en acciones.

Evidentemente, siguiendo la máxima de Bourdieu de que la sociología es un deporte de combate, no podemos dejar de preguntarnos si realmente estamos en una crisis tan profunda y si es sensato pagar tal cantidad por un bien tan intangible como voluble, toda vez que poco original. ¿Nos encontramos ante una nueva burbuja? ¿Qué ocurrirá cuando explote?

DÍA DE INTERNET
17/05/12

El día de Internet es una efeméride que se celebra en México, Argentina, España, Colombia, Uruguay y en algunos otros lugares del mundo el 17 de mayo, impulsada por la Asociación de Usuarios de Internet y por la Internet Society, respectivamente. Se celebró por primera vez el 25 de octubre de 2005. Poco tiempo después, la Cumbre de la Sociedad de la Información celebrada en Túnez en noviembre de 2005, decidió proponer a la ONU la designación del 17 de mayo como el Día Mundial de la Sociedad de la Información, por lo que se movió el denominado Día de Internet a dicha fecha.

http://www.diadeinternet.org/
Fuente: Wikipedia

MAYO

Día de 17

INTERNET

www.diadeinternet.org

Día Mundial de las Telecomunicaciones
y de la Sociedad de la Información

BURBUJAS Y PINCHAZOS TECNOLÓGICOS
18/05/12

Si ayer fue el día de internet, hoy nos levantamos con dos
noticas cuando menos curiosas. Por una parte, vemos como
la industria del hardware padece la crisis de consumo, y
Hewlett-Packard anuncia despidos masivos de 30.000
trabajadores. Pero por otra parte vemos como la web 2.0, con
todo lo intangible del concepto y del negocio, se
sobredimensiona y comienza a inflar otra burbuja que hoy

traerá risas, pero mañana traerá lágrimas: Facebook se estrena en bolsa con 82.000 millones de euros.

La empresa comienza hoy a cotizar en el Nasdaq a partir de las once de la mañana (17:00 en España) a 38 euros por acción, con lo que recaudará 18.400 millones de dólares. Esos 82.000 millones de euros, o 104.000 millones de dólares, es el valor de Telefónica y BSCH juntos.

El fantasma de la burbuja de las puntocom planea de nuevo por el parqué. Podemos recordar el caso de Terra en España, que el mismo día de su salida duplicó su precio y que multiplicó su cotización por diez en pocos meses. Sin embargo, al año siguiente se derrumbó estruendosamente.

Curioso capitalismo, donde algo que no es tangible, no se puede tocar, se valora en más de 80.000 millones de euros con el beneplácito de las agencias de calificación de riesgo, mientras que estos mismos elementos subastan el estado del bienestar, la educación y la salud -la calidad de vida- de millones de personas. Este tipo de economía es una bomba de relojería: expectativas, especulación... el espectáculo está servido. Pero más de uno se atragantará cuando la burbuja le estalle en al cara.

SU ALTEZA SUPER MARIO
23/05/12

El japonés Shigeru Miyamoto, creador de sagas de videojuegos como Mario Bros, The legend of Zelda y Donkey Kong e impulsor del Brain Training y la Wii Fit, ha sido galardonado en Oviedo con el Premio Príncipe de Asturias de Comunicación y Humanidades 2012, tal como sea anuncia en la web de la fundación Príncipe de Asturias.

A pesar de la bajada de popularidad que atraviesan los Borbones, estos premios siguen gozando de una relativa salud, por lo que es de valorar que en una convocatoria tan general y abierta se premie a un creador de videojuegos. Es una señal más de la profundidad del impacto de las nuevas tecnologías en las sociedades.

A DIOS ROGANDO Y CON EL MAZO DANDO
01/06/12

En los últimos meses la iglesia, a través de sus mandatarios más opuestos al cambio, ha echado peste de la red. En este mismo espacio nos hemos hecho eco de las declaraciones de Rouco Varela al respecto, al igual que hicimos con otros extremistas que se sirven de la religión para sus intereses, como el caso del dictador libio Gadafi. Ambos, el libio y el español, arremetieron con dureza contra los medios sociales e Internet como si fuera el mismo demonio (cada uno en su dogma, entendemos).

Sin embargo, volviendo a esta tierra al norte de África y al sur de Europa desde donde elaboramos este post, nos choca ver la cartelería desplegada por la sub-franquicia española del Vaticano. En ella no falta la simbología pagana que representa a la sociedad 2.0 que tanto critican. En sus carteles figuran la F demoníaca de Facebook, la T posesa de Twitter, una endemoniada página web y hasta un endiablado código QR (Quick Response Barcode). ¿Será que para conseguir financiación no es pecado bajar al infierno?

DOCTORADO   EN   ANTROPOLOGÍA   (D.PH. ANTHROPOLOGICAE)
11/06/12

El 11 de junio se llevará a cabo la defensa de la tesis doctoral Incidencia de la brecha digital en grupos de iguales a través de la interacción entre la identidad física y real, en el salón de actos de la Facultad de Biblioteconomía y Documentación de la Universidad de Extremadura a las 17:00.

Esta tesis culmina con un proceso de varios años de investigación en la red, buscando comprender las identidades generadas y los diferentes grupos conformados en el ciberespacio, ese nuevo escenario antropológico. Además, fue el motivo inicial para la creación de este blog, que se ha ido nutriendo de contenidos analizados durante la investigación. Sin embargo, lejos de ser un punto final, es un nuevo impulso para seguir comprendiendo qué pasa en la red y cómo nos va transformando días tras día.

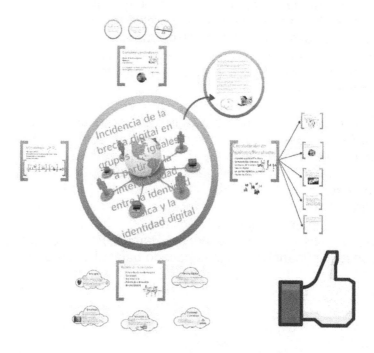

La presentación (prezi) puede ser visualizada desde la correspondiente entrada en el blog

LAS HEROÍNAS TECNOLÓGICAS DEL BERLIN GEEKETTES'
10/06/12

Cuando la exclusión y marginación para acceder a la sociedad digital está condicionada por motivo de género,. es lo que se viene denominando la segunda brecha digital. Cecilia Castaño reflexiona y duda en torno a si Internet está generando una auténtica sociedad digital, pero sí que acepta que las nuevas tecnologías de la información están conformando un nuevo escenarios con unas reglas propias y, en su obra la segunda brecha digital, cita a Judy Wajman quien afirma que "las revoluciones tecnológicas no crean nuevas sociedades, pero cambian los términos en los que se desenvuelven las relaciones sociales, políticas y económicas". Castaño, no obstante, valora las oportunidades que se ofertan ante el panorama de novedad que la red ofrece a sus usuarios, al encontrarnos una abundancia de opciones tecnológicas, organizativas y de relación social sin precedentes que están disponible para todas y todos. Defiende que si generalmente la tecnología es una fuente clave del poder masculino, la mujer goza en la actualidad de la posibilidad de transformar esta tendencia, y que "ha de apropiarse de las herramientas tecnológicas y utilizarlas para transformar la sociedad de la información en igualdad y para la igualdad".

Un colectivo alemán, Berlin Geekettes, pretende luchar contra esta segunda brecha digital que hemos anticipado en el párrafo anterior. Según la información expuesta en su página web (http://berlingeekettes.com/)
se trata de un grupo de mujeres emprendedoras que comparten el intercambio de historias, experiencias. ¿Qué puede salir de este espacio? Afirman no saber hacia dónde se dirige, pero esperan que salga nuevas amistades y nuevos proyectos. De nuevo la red se convierte en un espacio utópico donde conseguir lo que la decadente sociedad actual no es capaz de construir en los escenarios mediáticos o políticos.

INTERNET: ESTAFAS Y SENTIDO COMÚN
05/07/12

Internet es un nuevo espacio, como venimos defendiendo en este círculo, ni bueno ni malo per se. Es un escenario donde se desarrollan una serie de procesos sociales donde, además de importar los códigos del mundo físico, ha creado los propios. Sin embargo, el sentido común es imprescindible para una experiencia satisfactoria. Pero sin no se navega con los ojos bien abiertos, es fácil caer en situaciones desagradables.

Los estafadores encuentran en Internet una nueva vía para localizar personas que, por ignorancia o avaricia, caen en sus garras. En estos días un vecino de Badajoz ha sido condenado por la audiencia provincial a más de 14 meses de cárcel y a pagar una multa de casi 3.000€ por colaborar en una trama de blanqueo de dinero. A través de una invitación recibida por email, aceptó recibir partidas de dinero en su cuenta corriente, de las que, tras quedarse una comisión, debería enviar la mayor parte a una entidad extranjera

¿Demasiado fácil para ser legal? Efectivamente. El dinero que el ciudadano extremeño recibía en su cuenta no era propiedad de la "empresa extranjera", sino objeto de robos en otras cuentas. Así, el boyante trabajo convirtió al trabajador extremeño en cómplice de los estafadores y, consecuentemente, en culpado judicial.

CIBERCAMPAMENTOS
09/07/12

Llega el verano, el cole ha terminado y los padres se platean qué hacer con los niños. Tradicionalmente las colonias y los campamentos eran alternativas muy consideradas. Poco a poco estas opciones se fueron complicando y ofreciendo una serie de complementos para captar la atención de su público, como puede ser el caso de los campamentos lingüísticos.

Pero en plena época 2.0 la oferta digital no podía quedar fuera de la oferta de ocio estival, y ahora se hace habitual el desarrollo de campamentos tecnológicos, donde los asistentes no practican la danza de la lluvia, no aprenden canciones de ruta, no montan tiendas de campaña ni desgastan zapatillas pateando durante horas los caminos que rodean el campamento. Ahora las horas se emplean en montar robots, construir circuitos o navegar en redes sociales.

Los tiempos cambian, y con ellos los modelos de ocio.

LA UE CONTRA EL CAMBIO
14/07/12

Resulta que Francia y Luxemburgo venían aplicando el IVA reducido a la venta de ebooks, igual que ocurre con los libros en papel. Sin embargo Bruselas no veía con buenos ojos esta práctica, ya que en el resto de países se seguía aplicando un IVA no reducido, por lo que los irreductibles galos y sus vecinos del norte han sido llamados al orden. No obstante, desde este foro inminentemente defensor de los avances tecnológicos, nos preguntamos, utilizando esta noticia como pretexto, si es coherente que un continente industrializado como Europa aplique un IVA reducido a los libros en papel mientras que sus predecesores en formato digital sean castigados con un impuesto casi cinco veces superior. Evidentemente nos encontramos ante una medida trasnochada que discrimina los avances digitales. Luego nos vendrán con el cuento de que la piratería y las descargas matan el negocio.

NUEVAS FORMAS DE SPAM,
25/07/12

Nuestros buzones de correo electrónico se llenan de emails no solicitados, los buzones de nuestras casas se llenan de folletos de supermercados y ahora los teléfonos se llenan de llamadas no deseadas. Además de las típicas llamadas para vendernos la moto, para "regalarnos" un crucero, para forzarnos a cambiar de adsl, ahora hay quien llama insistentemente y cuando coges... no hay nadie al otro lado. Pasa con números como el 640013262 y otros que comienzan por la misma numeración. ¿Qué buscan? Llaman a diferentes hora para detectar los horarios y vender esa información a las empresas de telemarketing, Es otra forma de control digital que nos desborda, pues como usuarios poco podemos hacer.

PRESENCIA EN INTERNET COMO MEDIDA DE PRESTIGIO
30/07/12

Dos veces al año, en enero y en julio, el Laboratorio de Cibermetría del Consejo Superior de Investigaciones Científicas, CSIC, (http://www.webometrics.info/es/World) elabora el "Ranking Mundial de Universidades en la Web". El estudio analiza cuatro indicadores:
- Presencia, que mide el volumen de información publicada en la web
- Impacto, basado en los enlaces con la web propia desde terceros
- Apertura, o número de documentos de acceso libre
- Excelencia: artículos de calidad situados entre el 10% de documentos más citados en sus respectivos campos de ciencia.

Arrasan la Universidades estadounidenses, que ocupan los catorce primeros puestos. Entre las cien primeras. tres españolas, la Complutense en el puesto 85, la Autónoma de Barcelona en el 91 y la Politécnica de Cataluña en el 99.

A la luz de estos datos, hay mucho que reflexionar sobre el camino que ha tomado España en la sociedad de la información.

¿CREÍAS QUE EN REDES SOCIALES ESTABA TODO INVENTADO?
15/08/12

Pues tal como dice el título de este post ¿Creías que estaba todo inventado en medios sociales? ¿Se puede seguir exprimiendo la vaca de las comunidades virtuales? Evan Williams y Biz Stone, cofundadores de Twitter creen que sí y consideran que aún hay mucho que inventar en este campo. Por eso han puesto en marcha Branch (http://branch.com/) y Médium (https://medium.com), dos nuevas plataformas que superan o mejoran las prestaciones de Twitter.

La primera se invita a ir más allá de la barrera de los 140 caracteres y pide al usuario que "No dejes tus ideas en tu cabeza o entre los papeles de tu escritorio: publícalas y recibe el feedback de personas en quienes confías"

Médium apuesta por la imagen y por la creación de colecciones de contenidos de manera cooperativa. Habrá que seguirles la pista, pues ya hemos visto hasta el momento como las ideas de estos chicos han triunfado en la web.

IF I DIE FIRST...
25/08/12

De locos... La extravagancia puede ser tremenda y lo malo (o lo bueno, nunca se sabe) es siempre hay gente dispuesta a participar en los retos más llamativos, sin importar lo escabrosos que puedan llegar a ser. El caso que nos ocupa en este post es la aplicación para Facebook que la empresa

Willook pone en marcha hoy en la popular red social, si bien anteriormente el proyecto estuvo en la web.

Una vez instalada la aplicación, se ofrece a los usuarios la posibilidad de grabar un mensaje para que se publique en su muro en caso de defunción. Las condiciones son estar vivo, tener cuenta en Facebook, instalar la aplicación y entrar en la opción "For a chance to World Fame" (por una posibilidad para alcanzar la fama mundial) y dejar un mensaje para la posteridad. El usuario que fallezca antes que el resto tendrá su testimonio póstumo publicado en diferentes esferas del circo mediático sensacionalista internacional. Sin embargo las bases son estrictas: no se aceptará al difunto como vencedor si se detecta que la muerte se ha producido de manera voluntaria. Es decir, un suicida no tendrá opción a este, llamémoslo así, reconocimiento.

La reflexión que podemos iniciar con esta noticia no es que haya empresas capaces de diseñar este tipo de aplicaciones, sino que haya usuarios que se inscriban en este tipo de frivolités ¿somos cada vez más fútiles y superficiales? ¿Cuál es el límite a la hora de obtener un minuto de reconocimiento mediático? ¿Ha sido Internet o el circo mediático convencional hubiera conseguido estos mismos resultados por sí mismo?

Más información instalando la app en Fb o en la web http://www.ifidie1st.com/

IPHONES PARA LOS PARIAS DE LA TIERRA
29/08/12

Juan Manuel Sánchez Gordillo, alcalde de Marinaleda desde 1979, se ha convertido en un hombre mediático en las últimas semanas por su marcha obrera por diferentes puntos de Andalucía. Con un punto bucólico-revolucionario ha tomado y salteado supermercados y sitiado hoteles en nombre de la-tierra-para-quien-la-trabaja y otras consignas más propias de una sociedad preindustrial que de una tecnológica. Sin embargo, en cuanto a tecnología se refiere, el camarada Gordillo gusta de ir a la última, y en la etapa concluida en Cádiz no dudo en dirigirse en ir a la comisaría a denunciar el robo de su iphone. Comunistas o capitalistas, la sociedad 2.0 nos homogeniza en cuanto a consumo se refiere. ¡Si Marx levantara la cabeza... exigiría su iphone y su ipad.

APLICACIONES CYBORG EN EL ÁMBITO MÉDICO
01/09/12

Dianne Ashworth era prácticamente ciega a causa de una enfermedad hereditaria. Gracias al equipo de investigadores de Bionic Vision (http://www.bionicvision.org.au/) ha vuelto a disfrutar de una visión rudimentaria basada en luces y contrastes.

Mediante una intervención quirúrgica se le introdujo un dispositivo capaz de transformar imágenes en impulsos nerviosos. Un mes después, pasado el pertinente tiempo de cicatrización, encendieron el dispositivo. El aparato otorga una visión moderada. Permite distinguir contrastes de luz y contornos de objetos oscuros.

Aunque aún falta mucho por hacer, es un avance importantísimo que, sin duda, marcará un hito en la aplicación de prótesis sensitivas. El camino hacia la integración máquina-serhumano ha comenzado. Un ejemplo más de como la tecnología puede estar al servicio de la humanidad.

DE FOREROS Y FORISTAS
03/09/12

Hace unas semanas participé en un debate sobre la pertinencia del término forero. El otro contertulio, filólogo, afirmaba que era incorrecto, y que en su lugar era más adecuado usar forista. Googleando la red, parece que forero es más habitual en el español peninsular, mientras que forista es más frecuente en el español americano.

Si los usos cotidianos no nos satisfacen y preferimos una explicación de corte academicista, podemos ahondar en nuestra reflexión y acercarnos al diccionario de la RAE para salir de dudas. Así vemos como forista cuenta con una única acepción, hombre versado en el estudio de los fueros, toda vez que nos informa que se trata de un adjetivo anticuado. La academia prefiere el uso de forero y forera, con nueve acepciones entre las que destacamos la primera y la tercera

1. adj. Perteneciente o relativo al fuero.

3. adj. ant. Se decía de una persona práctica y versada en los fueros.

Ambos adjetivos, forero y forista, hacen referencia al sustantivo fuero, que junto con la voz foro, son la evolución lógica del término latino forum. Fuero quedó vinculado a las normas y códigos legales mientras que foro, con más riqueza semántica nos desvela la desviación semántica sufrida cuando en la séptima acepción nos cuenta que el foro era, en la antigua Roma, la plaza donde se trataban los negocios públicos y donde el pretor celebraba los juicios. Aunque para explicar la dimensión de los foros en Internet debemos quedarnos con la tercera acepción: Reunión para discutir asuntos de interés actual ante un auditorio que a veces interviene en la discusión.

FACEBOOK COMO MOTOR DE CAMBIO
07/09/12

Los medios sociales se han hecho un hueco en la sociedad en un tiempo vertiginoso. Condicionaron las revueltas árabes y los movimientos de cambio en occidente, como el 15M en España o la Generaçao a Rasca en Portugal.

En la historia que vamos a contar, el cambio ha sido más modesto, pero no por ello menos importante. Isadora Faber es una niña Brasileña de 13 años que tras crear en julio de 2012 un perfil de Facebook denominado Diario de Clase, la verdad (https://www.facebook.com/DiariodeClasseSC), trata de contar la situación desfavorecida de su escuela. Con más de 200.000 seguidores, la página ha conseguido una gran repercusión, lo que ha obligado a las autoridades a realizar algunas reformas para subsanar algunas de las irregularidades denunciadas por al adolescente. Isadora cuenta en su página que ha recibido alguna bronca por parte de la directora y de algunos profesores, pero recomienda el uso de la red para hacer públicas este tipo de injusticias.

Vemos una vez más como lo medios sociales ayudan a cambiar, aunque sea a pequeña escala, dando voz a aquellos que de otra manera no la tendrían.

El olvido de Olvido
13/09/12

La vuelta al curso escolar ha traído consigo la presencia mediática de una señora y de un pueblo hasta ahora bastante poco conocidos. Los Yébenes es un pueblo de Toledo, de unos 6000 habitantes y con un alcalde del PP.   Olvido Hormigos es una concejala del PSOE de la misma localidad. Hasta aquí bien ¿Qué es lo que nos lleva a tratar este asunto en un escenario que se viene ocupando de temas relacionados con la sociedad de la información?

Resulta que Olvido, esposa y madre, se hizo popular de la noche a la mañana por ser protagonista de un vídeo erótico amateur que saltaba de móvil en móvil, era subido a diferentes repositorios como Youtube o Dailymotion y se hacía popular a través Facebook o Twitter. Todo el evento se convirtió en una trama amarillista en la que primero el destinatario era su marido, después un amiguete deportista de la señora y, por si acaso colaba, hasta una maniobra de la oposición (a pesar de que hasta Esperanza Aguirre daba su apoyo a la concejala socialista).

El culebrón dio de sí para unos días pero, descartando perjuicios moralistas que no nos interesan, esta noticia nos da para reflexionar sobre la falta de alfabetización tecnológica y lo poco consecuente que, en general, son los internautas en su uso de Internet.
- Un fichero en Internet, se propaga de manera logarítmica.
- Una vez pasado al dominio público, es imposible de eliminar el fichero y controlar sus consecuencias
- Nadie puede poseer un documento si este no existe a priori.

El hecho de que la concejala acusará a alcaldía de la difusión del vídeo es un sinsentido en sí mismo, ya que la difusión inicial la originará el autor del documento y, en todo caso, las personas que lo hayan recibido. Por ello, dada la imposibilidad de que el vídeo saltará del móvil de esta señora al ordenador del alcalde, hace suponer que algún contacto intermedio ha debido existir, y que sería este contacto al que Olvido pidiera explicaciones, si es que las quiere.

Concluimos con un axioma al que hemos hecho referencia en diversas ocasiones, que no por simple es menos efectivo: si no lo haces en la calle, no lo hagas en Internet.

EL ALCANCE DE LOS EVENTOS EN FACEBOOK
22/09/12

En nuestro anterior post hablábamos del problema que le ocasionó a una concejala manchega el no controlar la privacidad de sus hábitos en redes sociales. La difusión de la información es medios electrónicos se dispersa de manera viral. Cada usuario que recibe un evento, lo suele distribuir entre sus contactos, incluso sin leerlo en algunas ocasiones. Es precisamente esta viralidad uno de los puntos fuertes de la comunicación electrónica. Sin embargo, en malas manos, ya sea por despiste o por ganas de hacer el mal, se convierte en un arma de doble filo.

Merthe, una chica holandesa de Haren, una localidad de unos 20.000 habitantes, tenía pensado celebrar sus 16º cumpleaños haciendo una fiesta. Para convocar a sus amigos, creó un evento en Facebook, pero olvido marcarlo como privado. La llamada de fiesta pasó repentinamente de ordenador a ordenador y frente a su hogar se plantaron en la noche de ayer 4.000 de las 25.000 personas que marcaron "asistiré" en el evento. Tras darse cuenta de la dificultad para entrar en la casa, se dedicaron a destrozar el vecindario.

Concluimos con el axioma del post anterior, por si alguien aún no lo sabe: si no lo haces en la calle, no lo hagas en Internet.

Cifras y efemérides
05/10/12

El mundo digital conforma sus propias normas y reglas. Igualmente establece un catálogo de fechas y cifras dedicados a los eventos más importantes. Para iniciar este fin de semana, vamos con dos de ellos.

Primero, el aniversario de la muerte de Steve Jobs, profeta de la sociedad 2.0 y vendedor, como nadie, de conceptos ya inventados pero a los que revitalizó de tal manera que el ideario colectivo los ha llegado a identificar como creaciones de la manzana. Ipod se estableció como el mp3 de referencia. En el mismo orden de cosas, Iphone es el smartphone e Ipad la tablet. Pero como bien dice el refrán, el muerto al hoyo y el vivo al bollo. Jobs se fue, pero Apple se quedó y continuó con su éxito, como demuestra el reciente lanzamiento del Iphone 5.

Por otra parte, una cifra simbólica en el mundo de los social media. Facebook acaba de alcanzar la cifra de 1.000 millones de usuarios. Es decir, que una de cada siete personas en el mundo están en la popular red que, de ser un país, sería el tercero más poblado tras China y la India. El dato se publicó ayer en el blog de Facebook, aunque la cifra se alcanzó el 15 de septiembre. Sin embargo, en este tipo de datos no se tienen en cuenta los usuarios fantasma, las cuentas cerradas ni discrimina si las cuentas pertenecientes a colectivos o empresas. (http://newsroom.fb.com/News/One-Billion-People-on-Facebook-1c9.aspx)

TECNOLOGÍA PARA EL MÁS ALLÁ
10/10/12

El cementerio parisino de Père Lachaise (http://www.crematorium-perelachaise.fr) es una bucólica necrópolis situada al este París. En su perímetro descansan personajes célebres como el cantante Jim Morrison o el escritor Oscar Wilde, Chopin, Moliere, Apollanaire, Honoré de Balzac, Marcel Proust, Yves Montand, Eugene Delacroix, Edith Piaf o Cyrano de Bergerac. Sin embargo, a pesar de ser un espacio destinado al descanso eterno, no deja de estar presente en el mundo digital. Y para evitar que la distancia sea una barrera para no asistir a un funeral, entre sus servicios cuenta con la retransmisión a tiempo real de ceremonia así como la ejecución de la misma en streaming en los tres días posteriores al acto. Además, quien quiera conservar en el evento para la posteridad, puede adquirirlo en DVD. Los familiares del finado podrán elegir la música de fondo de un catálogo con el que cuenta la entidad, o bien aportar su propio playlist con un pendrive o un ipod Como de costumbre, se hace necesario pasar por caja: 195€ por la transmisión y 50€ por la copia en soporte físico

¿CONTINENTE O CONTENIDO?
15/10/12

El medio digital está llenando nuestras vidas de gadgets cada vez más atractivos que están transformando todas las experiencias pre-digitales en aficiones cada vez más asequibles y accesibles. Y es algo que se nota a nuestro alrededor: ya no vemos a nadie con un walkman por la calle, porque un pequeño reproductor de mp3 nos permite llevar almacenadas horas de música. En el mundo de la fotografía, ya no es necesario contar con un exclusivo equipo y gastarse un generoso presupuesto en revelados, ya que con una cámara media se pueden hacer miles de fotos que guardamos en nuestro ordenador y seleccionar aquellas que consideremos más interesante para pasar a papel. Con la lectura ha pasado lo mismo. Además, es fácil compartir estos documentos con otros aficionados en cualquier parte del mundo en menos de un segundo.

Sin duda, este es uno de los aspectos principales de la revolución tecnológica, pues la técnica, a través de una pasarela mercantilista, desemboca y mejora la vida cotidiana del ciudadano-consumidor final. Sin embargo, una reflexión en la podemos profundizar es si esta pasión por el gadget es la evolución normal de nuestra afición o si por el contrario es la disponibilidad de este gadget la que nos lleva a probar nuevas aficiones. Y quizá, un segundo nivel de reflexión a partir de esta premisa sería ¿Realmente me gusta la fotografía, la música o la lectura o lo que me gusta en el fondo es el aparato digital? ¿Es más importante el continente que el contenido? ¿Estamos inmersos antes en una revolución consumista que en una verdadera revolución tecnológica?

EL DESTIERRO DE LA LÍNEA DE COMANDOS
20/10/12

Con los sistemas táctiles casi nos hemos olvidado de la línea de comandos. Gran parte de los usuarios entraron en el mundo de la informática con sistemas visuales como windows 95, a quien quizá debamos la banalización, en el sentido más amable que podamos dar a esta palabra, de los sistemas de comunicación mediados por ordenador. Este sistema operativo consagraba la evolución

De hecho, en la rebotica de la sociedad de la información existe una discusión epistemológica sobre quién copió a quién. Está extendida la opinión de que Windows resulta de la copia de macintosh. Sin embargo, en una conversación entre Bill Gates y Steve Jobs, el creador de Microsoft se defendió afirmando "Creo más bien que ambos nos encontramos con este rico vecino llamado Xerox, y asaltamos su casa para robar su televisión, y descubrimos que tú ya te la habías robado antes". ¿Aceptaron ambos en esta conversación que las dos plataformas eran una copia de la interfaz gráfica del fabricante de fotocopiadoras?

Sea como fuera, los entornos gráficos se han hechos imprescindibles en la informática actual. Hasta tal punto que la carrera tecnológica por conseguir procesadores más rápido ha venido sustentada por un interés comercial por vender ordenadores cada vez más potentes que puedan mover estas interfaces de usuario. Porque sin ellas, la informática seguiría siendo un campo minoritario destinado a profesionales, investigadores o militares, como lo fue en sus inicios.

Arrastrar y soltar un documento, hacer doble clic, el icono para iniciar aplicaciones, la papelera de reciclaje... sin tener que escribir ni un solo comando ha sido la gran liberalización que ha permitido el desarrollo actual de la informática. Todas estas metáforas visuales han permitido al usuario medio manejar un ordenador sin necesidad de conocer los entresijos del lenguaje interno de la máquina. Esto ha supuesto una humanización de la tecnología, a costa de un uso menos experto de la tecnología, lo que plantea la siguiente cuestión ¿es mejor un uso menos experto pero más extendido socialmente que un uso experto en un limita colectivo? El mercado tiene la respuesta muy clara.

LLEGA WINDOWS 8
25/10/12

El software propietario no ha muerto, y parece que tardará tiempo en hacerlo. El gigante Microsoft presenta hoy su primer sistema operativo para PC y tabletas, tres años después de Windows 7. Si en el ámbito doméstico la batalla está más complicada, pues los usuarios manejan copias no adquiridas o se atreven con sistemas operativos libres, el mundo empresarial sigue siendo mayoritariamente Windows.

Sin embargo, Microsoft tiene un asunto pendiente, y es el de la movilidad. Productos estrellas como las tablets o los smartphones son terreno abonado para software libre (Android) o, en el caso de software propietario, se decantan por sistemas de Apple (Ipod o Iphone). Windows Phone ha sido un sistema poco estimado entre los usuarios de estos productos, y relegado a unas pocas marcas del sector. Windows 8 llega hoy para intentar recuperar el prestigio de Microsoft. Duro trabajo tiene por delante para hacerse fuerte en una guerra que inclinó la balanza contra la empresa que presidiera Bill Gates. Este sistema operativo contará con dos versiones, una más próxima a sus predecesores y otra orientada a dispositivos táctiles, denominada Metro, donde instalaremos aplicaciones, en lugar de programas, adaptando la semántica clásica a los nuevos tiempos.

Falta por ver si vendrán resueltos los típicos problemas de compatibilidad de los anteriores Windows así como la necesidad de aplicar sucesivos parches y services packs para conseguir versiones estables. Estamos ante un momento clave en el que podremos ver si Microsoft tendrá algo que decir en el mundo de tablets y móviles o si, por el contrario, hará caer la espada de Damocles que oscilaba sobre su cabeza.

LA TIRANÍA DE GAUSS. PREJUICIOS Y PERJUICIOS DE LA NORMALIDAD EN LAS CIENCIAS SOCIALES
20/11/12

A pesar del auge de las ciencias sociales en los dos últimos siglos, no podemos comprender el avance de los estudios humanísticos si no es pasando por las matemáticas. La dicotómica excusa "soy de ciencias / soy de letras" no tiene cabida en el mundo de la investigación. Por muy humanista que sea nuestro dominio, no podemos obviar que las matemáticas son el código que describe el universo.

Los comportamientos humanos no son caso aparte. Estamos condicionados por la numerología. Gauss descubrió esta tendencia, tan humana como la vida misma. Y es que, hagamos lo que hagamos, estamos condenados a la distribución normal, al peso de la normalidad.

La tiranía de Gauss. Prejuicios y perjuicios de la normalidad en las ciencias sociales.
De Alfonso Vázquez Atochero.Revista Caracteres, Volumen 1 Nº2, Noviembre 2012

BLOGOSFERA, POR UN MUNDO MEJOR
23/11/12

Hace un año, el bloguero Pablo Herreros, realizó una llamada a la ciudadanía desde su espacio web (http://comunicacionsellamaeljuego.com). Pedía a los internautas que no compraran los productos que patrocinaran, a través de sus anuncios, el programa la Noria de Telecinco ¿Con qué motivo? Por la decisión del programa de entrevistar a la madre del cuco, uno de los implicados en la muerte de la joven sevillana Marta del Castillo, a cambio de 10.000 euros. Herreros no sólo se dirigió a la ciudadanía, sino que instaba a los comerciantes a secundar su propuesta con la siguiente afirmación: "si no se adhirieran a nuestra propuesta (retirar a publicidad de 'La noria') seguiríamos exigiéndoselo en adelante y promoveríamos un boicot de sus productos". Como respuesta obtuvo un apoyo mayoritario en la red así como de las propias compañías aludidas (Campofrío, Vodafone, Hero Baby, Mercedes, Fontaneda, Puleva o President entre otras, según la web de Herreros)

telecinco se ha aferrado a esta propuesta para presentar una querella por coacciones y amenazas y reclama casi cuatro millones de euros en concepto de las pérdidas originadas por esta campaña, basándose exclusivamente en la idea entrecomillada en el párrafo anterior. El autor del blog afirma que "asumo mi imputación con toda serenidad, en el pleno convencimiento de que todo lo que hice fue por mejorar el entorno publicitario y, por encima del mundo, por contribuir con mi granito de arena a que mañana tengamos una sociedad mejor".

Desde este blog nos centramos en destacar el poder de los medios sociales, para bien o para mal. ¿Es posible que una sola persona desde su casa, con ayuda e un ordenador, sea capaz de inclinar la cerviz de un poderoso grupo mediático como mediaset? ¿Es democrático que un ciudadano a pie de calle disponga de los medios para canalizar la comunicación y sobrepasar las barreras verticales del tratamiento de la información? ¿Es más perjudicial que un ciudadano luche contra una causa que considere injusta o que telecinco premie con 10.000 euros a la familia de un delincuente para alimentar su cadena de morbo? Pero yendo más allá ¿Puede haber iniciado Herreros la era del gobierno social? Para nosotros la respuesta está clara...

(P.D. nótese que el uso de mayúsculas/minúsculas en este post no ha sido aleatorio)

PRIVACIDAD EN LA RED: ESCÁNDALO EN DEUSTO
30/11/12

En el mundo físico, los límites de lo privado están más o menos claros. Una puerta pone frontera entre lo público, la calle, y lo privado, el hogar. En internet los límites no están tan claros y los usuarios no siempre saben dónde están y hasta donde pueden llegar sus documentos.

Hace unas horas saltó a los medios una polémica situación ocurrida en la universidad de Deusto, centro educativo perteneciente a la Compañía de Jesús. Una serie de fotografías, con tinte erótico, de varías de sus alumnas, aparecieron en diversos espacios de la red y de aquí, por si alguien no se había enterado, saltaron a las cadenas de televisión nacionales. No está claro si las fotos son reales, pues es posible que se trate de un montaje, pero el tema se ha magnificado y sobre dimensionado, tal vez por culpa de la falta de rigor de los periodistas que convierten un hashtag en noticia. Un noticia que ha crecido como una bola de nieve, implicando a medida que han pasado las horas a instituciones como la propia universidad, el defensor del pueblo vasco o el departamento vasco de interior.

No obstante, por si hubiera algo de verdad en esta noticia, podríamos destacar dos puntos importantes. Por un lado la ingenuidad de los usuarios (y aquí podemos recordar el asunto de la concejala de Yebenes) que no dudan en compartir en la red documentos que en un momento dado podrían ser comprometedores. Ingenuidad a veces perdonable, si se tratará de colectivos con poca formación o menos experiencia de vida, pero que resulta sospechosa o, al menos preocupante, cuando se trata de personas que estudian en una prestigiosa universidad. Y por otro lado, cabe destacar el uso de la rumorología de los medios sociales por parte de los medios de comunicación, que utilizan cualquier aspecto polémico encontrado en la red sin contrastar su veracidad antes de hacerlo noticia. Ambos puntos son, cuando menos, motivos de reflexión seria.

EL TUITEO DEL VATICANO
12/12/12

Nos encontramos en un diciembre convulso. Se suceden las fechas simbólicas (12-12-12 y 20-12-2012) y el Vaticano aplica un ERE y una deslocalización al portalito: la mula y el buey deberán abandonar tan solemne lugar y los reyes magos ya no vienen de oriente, sino que son tartesos. Vamos, tan andaluces como Séneca, Trajano y Adriano.

Pues la noticia geek del día de hoy, 12-12-12, es el estreno del papa Benedicto XVI en Twitter: @pontifex. Con un "Dear friends, I am pleased to get in touch with you through Twitter. Thank you for your generous response. I bless all of you from my heart" el pontífice católico se ha estrenado en el género del microblogging, y en tres horas ha conseguido 32.000 retuiteos y casi un cuarto de millón de seguidores. Desde el usuario principal, en inglés, se puede acceder a cuentas paralelas que difunden la palabra del papa a diversos idiomas, como el español, alemán, francés... incluso al árabe. Sin embargo sorprende la ausencia del latín (@Pontifex_de, @Pontifex_es, @Pontifex_pt, @Pontifex_pl, @Pontifex_it, @Pontifex_fr, @Pontifex_ar).

Queda por escuchar la opinión de monseñor Rouco Varela, declarado enemigo acérrimo de los medios sociales.

MILENIUMUNO ¿ES ETERNO LO DIGITAL?
20/12/12

Mañana termina el mundo, según defienden algunos colectivos que supuestamente han estudiado este evento en los calendarios mayas (conocidos a través de los pocos documentos que los "evangelizadores" españoles dejaron intactos tras el encuentro entre culturas propiciado por Colón). Pero no se preocupen, también terminaba en el año 2.000, y aquí nos vemos.

Preocupado por el asunto, y por si acaso los mesoamericanos se confundieron en sus profecías o los nuevos mesías han trastornado sus interpretaciones, un empresario cacereño ha decidido dar una oportunidad a aquellos ciudadanos que deseen luchar contra lo efímero del momento ¿Cómo lo hará? Construyendo una cápsula del tiempo en una parcela cedida por el ayuntamiento del Casar de Cáceres ¿Y qué es esto? Pues es un recipiente hermético en donde se guardan objetos y mensajes para que los encuentren generaciones futuras. La primera cápsula del tiempo con ese nombre se construyó en 1937 en Nueva York con el propósito de que no fuera abierta hasta el año 6.939.

La Cápsula del tiempo cacereña, MileniumUno, no pretende guardar objetos. Es un proyecto que quiere almacenar un millón de vídeos durante mil años ¿De manera gratuita? Pues no. Según los responsables del proyecto, un fotógrafo y escultor de 50 años y su hijo de 30, cada vídeo del motón costará 1,40 euros. Los vídeos chics serán más caros, dependiendo de la duración y posición en la lista de reproducción. Para l@s interesad@s, la presentación del proyecto será esta tarde en la Sala Europa del Complejo Cultural San Francisco de Cáceres.

Habrá quien esté dispuesto a pagar la cifra simbólica o alguna superior en el ranking de precios. Pero viendo la volatilidad de los formatos audiovisuales a lo largo de las últimas décadas ¿De verdad creen los autores de esta historia que perdurarán dentro de 1.000 años los discos duros, dvs o cualquier otra soporte que utilicen ? Como ha comentado el Director de Conservación de Materiales y Soportes de la Filmoteca Española, Alfonso del Amo, "no existe manera alguna de conservar el material en soporte digital". Para consuelo de inversores, empresario y clientes, ninguno de ellos estará presente a la fecha de término del contrato.

Pero independientemente de la imaginación, impacto social o lucrabilidad del proyecto, lo sorprendente es que esté apoyado por un ayuntamiento, la diputación y caja duero ¿Y después a pedir rescates?

www.antropiQa.com   www.alfonsovazquez.com